홀로 하는 공부라서
외롭지 않게 사람in이 동행합니다.

외국어, 내가 지금 제대로 하고 있는지, 정말 이대로만 하면 되는지 늘 의심이 듭니다.
의심이 든다는 건 외로운 거지요. 그런 외로운 독자들에게 힘이 되는 책을 내고 있습니다.

외국어가 나의 언어가 되는 그때까지, 이해의 언어와 훈련의 언어로
각 단계별 임계점에 이르는 방법을 제시하여,
언어 학습의 시작점과 끝점을 확실히 제시하는 정직하고 분명한 책을 만듭니다.

영어 회화의 결정적 상황들

영어 회화의 결정적 상황들

지은이 룩룩잉글리쉬
초판 1쇄 발행 2020년 12월 17일
초판 2쇄 발행 2022년 12월 13일

발행인 박효상   **편집장** 김현   **기획 · 편집** 장경희, 김효정   **디자인** 임정현
본문 · 표지디자인 고희선
마케팅 이태호, 이전희   **관리** 김태옥

종이 월드페이퍼   **인쇄 · 제본** 예림인쇄 · 바인딩

출판등록 제10-1835호   **발행처** 사람in   **주소** 04034 서울시 마포구 양화로 11길 14-10 (서교동) 3F
전화 02) 338-3555(代)   **팩스** 02) 338-3545   **E-mail** saramin@netsgo.com
Website www.saramin.com

ISBN
978-89-6049-875-4 14740
978-89-6049-783-2 세트

우아한 지적만보, 기민한 실사구시 사람in

영어 회화의 결정적 상황들

Have you
experienced it
before?

BEYOND
**ENGLISH
CONVERSATIONS**

두 가지 버전 오디오와
Drill 영상 QR코드 수록
mp3 음원 다운로드
www.saramin.com

룩룩잉글리쉬 저

사람in

제가 제 수업을 듣는 학생들에게 항상 강조하는 것이 있습니다.
바로 '배려 영어와 실제 영어는 다르다'죠. 배려 영어는 말 그대로 영어를
모국어가 아닌 제2의 언어로 배우는 사람들을 배려한 영어입니다. 반면에
실제 영어는 영어를 모국어로 하는 사람을 주 대상으로 한 다양한 콘텐츠
(영화, 드라마, 뉴스, 다큐멘터리, 다양한 유튜브 영상들)에 쓰인 영어를
말하는 거죠.
가장 이상적인 영어 공부법은 실제 영어를 많이 보고 들으면서
원어민들이 말하는 패턴과 표현, 어법을 익히고, 발음과 리듬을
따라해 보고, 제스처도 비슷하게 흉내 내는 것입니다. 그리고 한걸음
더 나아가서 콘텐츠를 간단하게 요약, 정리해 보고 그것을 누군가에게
설명한다는 생각으로 말을 해 보는 것입니다.
하지만 이 이상적인 영어 공부가 기초가 부족한 분들에게는
쉽지 않습니다. 특히, 한국에서 시험 영어 위주의 공부를 하신 분들에게는
실제 영어를 공부하는 게 맨처음에는 큰 고통이 따르기에, 인내심이
필요한 과정입니다. 사실 제가 이 책을 집필하게 된 이유 중 하나가
어느 정도 문법, 표현, 발음 등에서 틀은 쌓았는데, 그것을 한번
죽 정리해 보고 싶은 분들 또는 실제 영어로 공부하고 있으나,
현실(한국에서 고민하고 실제로 경험하는 부분)과는 약간 거리감이 있어서,
정말 한국에서 직접 경험할 만한 대화로 이루어진 것들을 통해서
실제 영어를 공부하고 싶은 분들이 계시기 때문이었습니다.
이 책에는 총 20개의 대화가 나옵니다. 모든 한국어 대화는
다양한 직업과 나이대의 한국 학생들이 직접 하는 대화와 최대한
비슷하게 만들었으며, 이 대화를 초등학교 2학년에서 4학년 사이에
미국이나 캐나다로 이민을 간, 그래서 영어와 한국어가 둘 다 자유로운
교포들이 번역했습니다. 이 번역된 문장을 북미 원어민들에게 큰 소리를
읽어 보라고 하고 어색한 부분이 있는지 교정을 받는 과정을 통해
20개의 대화가 탄생했습니다.

20개의 대화 중 한국어와 영어가 1:1로 매칭이 100% 딱 되지 않는
문장들도 있지만, 이는 영어와 한국어 자체가 워낙 다른 언어이기 때문에
그 부분에서 나온 차이라고 생각하시면 됩니다. 하지만 영어 감각을
최대한 살리되, 한국어의 뉘앙스 역시 최대한 잘 전달할 수 있는 문장으로
만들 수 있도록 노력했습니다.

그리고 이 책에는 제가 수많은 학생들을 지도하면서 파악한 노하우를
패턴, 문법, 표현, 발음으로 나누어서 옆에서 정말 1:1 과외를 해주는
것처럼 친절하게 설명했습니다. 하지만 지면 설명으로는 충분하지
못한 경우가 있어요. 바로 발음처럼 말이죠. 그래서 이런 부분은
유튜브 영상을 제작해 소개했으며, 좀 더 심오하게 확장하고 싶은 분들을
위해서 제 블로그 글들도 소개했습니다. 영상과 블로그 글을
잘 활용해서 이 책에 나온 다양한 패턴, 표현, 발음들을 좀 더 확실히
익히게 된다면 정말 실제 영어를 보고, 듣고 이해하는 데 큰 도움이
될 거라고 확신합니다.

그리고 저의 전작 『영어회화의 결정적 패턴들』을 아직 안 보신 분들은
그 책도 같이 보시길 추천합니다. 그 책에 들어 있는 20개 대화도
같은 과정을 통해서 나온 것들이기 때문에 회화에 큰 도움을
받으실 수 있을 겁니다.

그러나 제가 아무리 이 책이 도움이 된다고 목이 터져라 외쳐도,
이것을 결국 제대로 활용하는 것은 바로 여러분 자신에게 달렸습니다.
너무도 많은 영어책, 영어 채널… 이런 정보의 홍수 속에서 저의 책과
제가 제공하는 영상과 블로그 글들이 여러분의 영어 공부에 의미 있게
다가가고, 나아가서 여러분들이 영어 공부하는 데 제가 믿고 따라올 수
있는 멘토가 될 수 있다면, 정말 너무 뿌듯할 것 같습니다.

진심으로 감사드립니다.

Luke

룩룩잉글리쉬 룩쌤 올림

Contributor's Note

Greetings! My name is Norman Francis. I am from Canada, and I've been living and teaching English in South Korea for over 7 years now. I've taught many of levels and age groups such as elementary, middle, high school and now currently adult students. So I've therefore gained a wide range of knowledge and experience in this field. As a result, I've been able to learn not only the common mistakes that many Korean English learners make, but also the common and often repeated English phrases and words that they use which, although not wrong, but are limited. This is why this book is so helpful! It will greatly help to improve your English speaking skills by focusing on teaching many common phrases that most Native English speakers use every day. I have contributed to this project by not only providing some of the phrases that you see, but I've also done some extensive proofreading and editing to not only make sure that the phrases were correct, but were actual phrases that Native English speakers use every day. I have no doubt that not only will you enjoy this book, it will greatly help you to improve your English speaking skills. I look forward to being part of your journey! Happy learning!

안녕하세요! 저는 노만 프랜시스고, 캐나다인이에요.
현재 한국에서 7년 넘게 영어를 가르치며 살고 있습니다.
초등학생, 중고등학생, 성인 등 다양한 수준과 연령대의 사람들을
가르쳐서 이 분야에서는 폭넓은 지식과 경험을 쌓게 되었습니다.
그 결과 한국에서 영어를 공부하는 많은 사람들이 흔히 하는 실수 외에도
틀리지는 않지만 쓰임새가 한정돼 있는 영어 어구와 단어를 자주
반복해서 쓴다는 것도 알게 되었죠. 그래서 이 책이 도움이 되는 겁니다!
대부분의 네이티브들이 매일 사용하는 어구를 알려주는 것에 포커스를
맞춰서 영어 말하기 스킬이 향상되는 데 엄청 도움이 될 겁니다.
저는 여러분들이 이 책에서 보게 될 어구를 제공하는 것 외에도
그 어구들이 맞는 것인지, 네이티브들이 매일 쓰는 진짜 어구들이
맞는 것인지 확인하기 위해 교정과 편집에도 폭넓게 참여했습니다.
여러분이 이 책을 좋아하게 될 거라고 확신하고요,
영어 스피킹 스킬을 올리는 데도 정말 도움이 될 겁니다.
여러분의 영어 공부 여정에 한 부분이 되기를 정말 간절히 고대합니다.
즐겁게 공부하세요!

수많은 학생들을 가르쳐 본 결과 아무리 교재가 좋아도 방법이 잘못되고, 학습을 열정적으로 지속하지 못하면 시간 낭비입니다. 제가 많은 시간과 노력을 투자하고 교포, 원어민, 서포터즈들과 함께 만든 좋은 교재이지만, 결국 행동에 옮기는 것은 여러분입니다. 이 책을 최대한 활용하는 방법을 소개합니다. 참고로 자신의 실력에 따라 약간의 변형은 가능합니다.

1. 책에 무한 신뢰를 보내세요.
이 책이 내 스피킹을 향상시킬 거라는 믿음이 약하면 앞의 부분만 끼적대다 다른 많은 영어책처럼 장식용이 될 가능성이 높습니다.

2. 열정을 장착하세요.
영어를 잘하고 싶은 열정 없이 억지로 하면 결국 포기하게 돼요.

3. 한국어 문장을 힘들어도 영어 문장으로 바꿔 보려고 하세요.
한국어 문장을 대했을 때 나라면 이 문장을 어떻게 영어로 말할까?를 고민하는 과정이 답을 바로 보고 암기하는 것보다 훨씬 효과가 있습니다. 단, 효율성과 행복도를 높일 수 있게 짧게는 5초, 길어도 20-30초 내에 문장을 만들어 보고, 그게 안 되면 책에 나온 영어 문장을 보세요.

4. 다른 이들에게 설명할 수 있어야 해요.
영어 문장을 보고 책의 깨알 설명을 읽으면서 누군가에게 설명해 줄 수 있을 정도로 실력을 쌓겠다는 마음으로 공부합니다. QR 코드를 스캔해서 유튜브 강의 영상과 블로그 글을 최대한 활용하세요.

5. 무한히 연습하세요.
음성 파일, drill 영상을 통해서 최대한 비슷하게 따라 말하여 톡 치면 툭 하고 나올 정도까지 연습합니다.

영어 회화 개인 과외 교사를 책 속에 들였다!

학원 가서 배우기는 쑥스럽고 옆에 개인 과외 교사를 모셔 놓고 자세히 배우면
좋겠다고 생각한 적이 있는 분들께 희소식! 〈영어회화의 결정적 패턴들〉로
회화 공부의 새로운 패러다임을 제시한 룩룩 잉글리쉬의 룩쌤이
더 알찬 회화책으로 돌아왔습니다.

1.
현실성 가득한 대화문

미드가 아무리 좋아도 우리 현실과
는 맞지 않습니다. 우리에게는 우
리에게 맞는 현실 상황 회화가 필
요하죠. 2030 세대가 가장 공감할
만한 대화를 영어로 어떻게 표현하
는가를 통해 한국인의 표현의 영어
식 표현과 공감 만점 대화로 공부
의 맛을 높입니다.

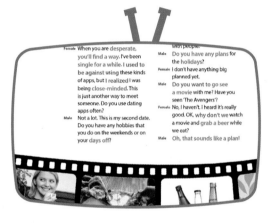

Female When you are desperate, you'll find a way. I've been single for a while. I used to be against using these kinds of apps, but I realized I was being close-minded. This is just another way to meet someone. Do you use dating apps often?

Male Not a lot. This is my second date. Do you have any hobbies that you do on the weekends or on your days off?

With people.

Male Do you have any plans for the holidays?

Female I don't have anything big planned yet.

Male Do you want to go see a movie with me? Have you seen 'The Avengers'?

Female No, I haven't. I heard it's really good. OK, why don't we watch a movie and grab a beer while we eat?

Male Oh, that sounds like a plan!

2.
QR코드를 활용한
생생한 학습의 경험

영어 발음이나 제스처는 지면에서
아무리 잘 설명해도 한계가 있습니
다. 그럴 때는 QR코드를 찍으세요.
저자의 피땀이 담긴 유튜브 영상과
지면 때문에 담지 못한 자세한 내
용의 블로그글이 펼쳐집니다. 글로
배우는 영어가 아니라 직접 듣고
따라해 보는 방식이라 학습 효과가
뛰어납니다.

사진보다 실물이 훨씬 더 나으신데요.
You look better in person than in your photos.

패턴

블로그 001

You look 형용사 / You look like 명사(절): 너 ~처럼 보인다
여기서 look은 seem으로 대체해도 차이는 없는데, look은 주로
겉모습을 보고 판단할 때 사용합니다. look 다음에는 사물이나
묘사하는 형용사가 오기도 하고, look like 형태로 뒤에 '명사/명
어 + 동사)'이 나오기도 합니다. look, seem, appear의 차이가 궁
금은 QR 코드를 스캔해 공부해 보세요.

You look good today. 너 오늘 좋아 보인다.

You look sad. What's going on? 너 오늘 우울해 보인다. 무슨 일 있어?
(＊ sad 대신에 depressed, bummed out, blue 등의 다양한 표현이 가능)

3.
든든한 선생님의 존재가 느껴지는 설명

다른 책에서는 그냥 넘어가는 문장도 이 책에서는 허투루 넘어가지 않습니다. 마치 진짜 선생님이 옆에서 하나하나 패턴, 문법, 표현, 발음 등에서 너무도 세세하게 알려줍니다. 흔하게 보고 넘긴 단어 하나, 문법 하나의 중요성을 원어민들의 사용 시각에서 세세하게 알려주기에 지금껏 잘못 고수해 왔던 영어 지식이 새롭게 리셋되고, 그 결과 회화 실력이 향상됩니다.

4.
학습자를 고려한 mp3 파일

대화를 느리게 읽은 버전과 자연스럽게 읽은 버전 두 가지로 수록해 학습자가 자신의 편리에 맞게 골라 들을 수 있도록 했습니다. 청취 실력이 좋지 않다고 느끼는 학습자에게는 느린 버전을 듣고 자연스럽게 읽은 버전을 듣는 걸 추천합니다. 또 Drill 영상을 수록해 입에 익을 때까지 훈련하게 합니다. 대화문 페이지에 있는 QR코드를 놓치지 마세요.

UNIT 1

 남녀 소개팅 관련
결정적 상황과 대화

솔로로
지낸 지
좀 오래됐거든요.

- [ ] 남 인상이 되게 좋으세요. 사진보다 실물이 훨씬 더 나으신데요.
- [ ] 여 그쪽도 잘생기셨어요. 들어오면서 보는데 눈에 확 띄더라고요.
- [ ] 남 여기 오기 전에는 긴장감이 없었는데 막상 들어오니까 많이 떨리더라고요. 소개팅 어플은 어떻게 아셨어요?
- [ ] 여 사람이 간절해지면 찾게 되더라고요. 솔로로 지낸 지 좀 됐거든요. 예전에는 이런 어플을 쓰는 것에 거부감이 있었지만, 그것도 편견인 것 같아요. 이것도 사람을 만나는 한 방법인데 말이죠. 소개팅 어플 자주 사용하세요?
- [ ] 남 자주는 아니고, 이번이 두 번째 소개팅이에요. 주말이나 쉬실 때 하는 취미 같은 거 있으세요?

- [ ] 여 술이요!
- [ ] 남 오! 주당이시구나.
- [ ] 여 네, 좋아하고 잘 마시기도 해요.
- [ ] 남 애주가예요? 혹시 집에 술도 쌓아 놓고?
- [ ] 여 아니, 그렇진 않아요. 혼자서는 안 마셔요. 집에서 마시는 건 안 좋아하지만, 사람들과 함께 마시는 분위기를 좋아해요.
- [ ] 남 이번 연휴에 계획 있으세요?
- [ ] 여 아직 큰 계획은 없어요.
- [ ] 남 그럼 저랑 영화 보실래요? 〈어벤져스〉 보셨나요?
- [ ] 여 아뇨, 못 봤어요. 〈어벤져스〉 아주 재밌다던데요. 그럼 영화 보고 식사하면서 맥주 한잔해요!
- [ ] 남 오, 좋아요!

I've been single for a while.

Male You make a great first impression. **You look** better in person than in your photos.

Female You are not too bad yourself. You caught my eye as soon as I walked in the door.

Male I wasn't nervous before I came here, but I got butterflies in my stomach when I walked in the room. **How did you** find the dating app?

Female When you are desperate, you'll find a way. I've been single for a while. I used to be against using these kinds of apps, but I realized I was being close-minded. This is just another way to meet someone. Do you use dating apps often?

Male Not a lot. This is my second date. Do you have any hobbies that you do on the weekends or on your days off?

Female Alcohol!

Male Oh! You are a drinker?

Female Yeah, I like to drink, and I have a high tolerance.

Male Are you a heavy drinker? Do you have a stocked bar at home?

Female No, nothing like that. I don't drink alone. I don't like drinking at home, but I like the atmosphere of sharing drinks with people.

Male Do you have any plans for the holidays?

Female I don't have anything big planned yet.

Male Do you want to go see a movie with me? Have you seen 'The Avengers'?

Female No, I haven't. I heard it's really good. OK, why don't we watch a movie and grab a beer while we eat?

Male Oh, that sounds like a plan!

인상이 되게 좋으세요.

You make a great first impression.

표현

make a great first impression: 정말 좋은 첫인상을 주다

'첫인상'을 first impression이라고 합니다. '좋은 첫인상을 주다, 첫인상이 좋다'는 make a good impression으로, 여기선 강조하기 위해 good 대신 great를 사용해서 make a great first impression이라고 했어요. 또한 '~에게 정말 좋은 인상을 남겼어'라고 상대방을 언급하고 싶으면 You made a great impression on ~과 같이 뒤에 on을 사용하면 된답니다.

You made a great impression on us.
당신은 우리에게 정말 좋은 인상을 주었어요.

impression은 '깊은 인상을 주다, 감명을 주다'라는 의미의 동사 impress에서 왔어요. 상대방이 정말 대단한 일을 하거나, 인상에 남을 만한 일을 했을 때 "대단해!"라고 말하죠? 그때 영어로는 I'm impressed.라고 표현할 수 있어요.

I'm very impressed, Luke! You made a great presentation.
(Luke가 정말로 멋진 발표를 했다면) Luke, 정말 대단해! 아주 멋진 발표였어.

사진보다 실물이 훨씬 더 나으신데요.

You look better in person than in your photos.

패턴

블로그 001

You look 형용사 / You look like 명사(절): 너 ~처럼 보인다

여기서 look은 seem으로 대체해도 차이는 없는데, look은 주로 눈으로 겉모습을 보고 판단할 때 사용합니다. look 다음에는 사물이나 사람을 묘사하는 형용사가 오기도 하고, look like 형태로 뒤에 '명사/명사절(주어 + 동사)'이 나오기도 합니다. look, seem, appear의 차이가 궁금하신 분은 QR 코드를 스캔해 공부해 보세요.

You look good today. 너 오늘 좋아 보인다.

You look sad. What's going on? 너 오늘 우울해 보인다. 무슨 일 있어?
(* sad 대신에 depressed, bummed out, blue 등의 다양한 표현을 쓸 수 있어요.)

You look like you've been working out lately. 너 요즘 운동하는 거 같은데.
(* work out: (건강이나 몸매 관리 등을 위해) 운동하다)

He looks like 원빈. 그 애 원빈처럼 생겼어.

She looks like she loves kids so much.
그녀는 아이들을 정말 좋아하는 거 같아.

표현

in person: 실제로 만나서 보니, 직접, 몸소

이 표현은 face-to-face처럼 얼굴을 직접 마주하고 볼 때 많이 사용해요.

I want to talk to you in person. 너랑 얼굴 보고 직접 이야기 나누고 싶어.

그쪽도 잘생기셨어요.
You are not too bad yourself.

표현

'잘생겼다'는 의미의 다양한 표현들

잘생겼다 하면 대개 You are good-looking.이나 You look handsome.처럼 말하지만, 이렇게 소개팅에서 처음 만난 상황에서 직접적으로 말하기는 쑥스럽겠지요. 그래서 이 대화에서처럼 상대방의 칭찬에 대한 반응으로 You are not too bad yourself.라는 표현을 종종 사용합니다. 참고로, You have good looks. 역시 같은 뜻이에요.

남자에게 잘생겼다고 얘기할 때 good-looking 또는 handsome을 많이 쓴다면 여성에게는 pretty, cute, beautiful, attractive, gorgeous, hot 같은 표현을 많이 사용해요. 물론 hot과 cute, attractive는 여자들이 멋지고 잘생긴 남자를 말할 때도 자주 씁니다. 특히 요즘 남자 아이돌 가수들을 보면 얼굴이 여성 못지않게 예쁜 경우가 많잖아요. 이렇게 예쁘장한 남자를 여자들이 pretty하다고 말하는 것도 기억해 주세요.

참고로 '외모' 하면 appearance를 생각하는데, appearance는 그 사람의 생김새보다는 어떤 옷을 입고, 어떤 헤어스타일을 하고 있는지 같은 외관상 풍기는 이미지를 표현할 때 주로 사용해요. 예로, Koreans care about their appearance so much.는 한국 사람들이 바깥에 나갈 때 많이 꾸민다는 말이에요.

들어오면서 보는데 눈에 확 띄더라고요.

You caught my eye as soon as I walked in the door.

패턴

As soon as 주어 + 동사: ~하자마자, ~하면 바로

⟨The moment 주어 + 동사⟩ / ⟨The minute 주어 + 동사⟩ 패턴도 같은 뜻으로 많이 씁니다. 아, ⟨Once 주어 + 동사⟩ 패턴도요. 참고로 원어민들이 ASAP라는 말을 자주 하는데 그것은 as soon as possible의 약어로 '최대한 빨리'라는 의미입니다. ASAP는 보통 두 가지로 발음해요. 알파벳을 각각 발음해서 [에이에스에이피]라고 하거나 [에이쌥]이라고 하는 원어민도 있어요.

As soon as I get up in the morning, I do stretches.
난 아침에 일어나자마자 스트레칭을 해.

I'll let you know as soon as I can. 할 수 있는 한 빨리 알려 줄게.

As soon as I get there, I'll call you. 도착하면 바로 전화할게.

As soon as I entered the room, I knew that there was something wrong.
방에 들어가자마자, 난 뭔가 잘못됐다는 것을 알았다.

I fell asleep as soon as I came back home.
난 집에 오자마자 잠이 들었어.

Please email me back as soon as you check what's going on.
어떻게 된 건지 확인하면 바로 이메일 보내 주세요.

표현

catch my eye: 눈길을 끌다, 시선을 사로잡다

이 표현을 직역하면 '내 눈을 잡다'로, 무언가 내 눈에 딱 들어왔을 때 사용해요. 사람 말고도 관심을 끌 수 있는 모든 게 주어가 될 수 있어요. 그리고 보통 eye가 들어가는 표현들은 keep an eye on ~(~을 계속 지켜보다), see eye to eye(동의하다, 의견이 일치하다), eye candy(눈으로 보기에만 좋은 것) 등과 같이 복수가 아니라 주로 단수로 쓰는 것에 유의하세요.

I waved my hand to catch her eye.
나는 그녀의 관심을 끌려고 손을 흔들었다.

Something that caught my eye was his name.
나의 관심을 끈 것은 바로 그의 이름이었어.

여기 오기 전에는 긴장감이 없었는데 막상 들어오니까 많이 떨리더라고요.

I wasn't nervous before I came here, but I got butterflies in my stomach when I walked in the room.

get butterflies in one's stomach: 긴장되다, 떨리다

원래 표현은 have butterflies in one's stomach이지만, 원어민들은 have 대신에 've got이나 get 형태로 많이 씁니다. 내 뱃속에 나비가 들어앉아 퍼드덕 퍼드덕 날아다니는 걸 상상해 보면 긴장돼서 가슴이 콩닥 콩닥 뛰는 느낌, 소화가 안 되고 더부룩한 느낌이 딱 와닿을 거예요. 사실 이 표현보다 nervous, anxious를 더 흔하게 많이 사용하지만, 원어민이 자주 쓰는 구어체 표현이니 같이 알아두세요.

소개팅 어플은 어떻게 아셨어요?

How did you find the dating app?

How did you ~?: 너 어떻게 ~했어?

이 패턴은 방법이 궁금해서 '너 어떻게 ~했어?'라고 물을 때 아주 유용하게 사용할 수 있어요. 의문사(what, how, why, when, who, where)가 들어간 표현은 활용도가 매우 높기 때문에 아래에 살짝 다루어 볼게요.

How did you study English? (영어를 정말 잘하는 애한테)
너 어떻게 영어 공부했어?

How do you sing so well? (노래를 정말 잘하는 애한테)
너 어떻게 노래를 그렇게 잘하니?

How do you know this place so well? (이곳을 너무 잘 아는 애한테)
너 어떻게 이곳을 그렇게 잘 아니?

How did you come up with this idea? (매우 창의적인 개발을 한 개발자에게)
너 어떻게 이런 아이디어를 떠올렸니?

사람이 간절해지면 찾게 되더라고요.

When you are desperate, you'll find a way.

You'll find a way to 동사원형: ~할 방법을 찾게 될 거야

As soon as you get there, you'll find a way to solve this problem.
일단 거기 도착하면, 이 문제를 풀 방법을 찾게 될 거야.

If you watch this video, you'll find a way to improve your communication skill.
이 비디오를 본다면, 커뮤니케이션 기술을 향상시킬 수 있는 방법을 찾게 될 거야.

If you want something so much, you'll find a way to get it.
만약 뭔가를 매우 원하면, 그것을 얻을 수 있는 방법을 찾게 될 거야.

If you keep trying, you'll find a way to get it done.
계속 노력하면, 그것을 완수할 수 있는 방법을 발견하게 될 거야.

표현
desperate: 간절한

desperate는 무언가를 간절하게 원할 때 유용하게 사용할 수 있어요. 영어 공부를 할 때도 desperate한 사람이 영어가 더 빨리 는답니다.

(간절한 느낌으로)
I'm so desperate to speak English well. 나 정말 영어 잘하고 싶어.
(간절하게)
I'm so desperate for success. 나 정말 성공하고 싶어요.

솔로로 지낸 지 좀 됐거든요.

I've been single for a while.

문법
have p.p. (현재완료)

블로그 002

현재완료는 과거의 일이 현재까지 이어진다고 생각하면 됩니다. "나 영어 공부해."는 I study English. 혹은 I'm studying English.라고 하지만, "나 (과거부터) 영어 공부를 해오고 있어."는 I've studied English. 또는 I've been studying English.처럼 현재완료나 현재완료 진행으로 쓸 수 있습니다. 특히 현재완료 진행은 과거부터 현재까지 계속해 오고 있다는 걸 강조할 때 사용합니다. 현재완료와 현재완료 진행에 대해 더 자세하게 알고 싶다면, 제 블로그에 자세히 정리해 놓았으니 꼭 읽어 보세요!

I've been **married for 10 years.** 나 결혼한 지 10년 되었어.
I've been **working here for 5 years.** 나 여기서 일한 지 5년 되었어.
I've been **studying Chinese for 3 months.** 나 중국어 공부한 지 3개월 되었어.

I've been reading a good book all day long.

I started to read
a book.

PAST

I am still reading
a book.

PRESENT

I will continue to read
a book.

FUTURE

발음

I've been
I've been은 've' 부분이 거의 무너져서 [I been]처럼 발음됩니다.

표현

single: 솔로
single은 법적으로 배우자 없이 혼자인 솔로를 말해요. 과거에 결혼했었
지만 이혼한 사람도 현재 법적 배우자가 없으니 single인 것이죠. 하지
만 보통 일상적으로는 single이라고 하면, 그냥 여친이나 남친이 없다는
말로 많이 사용된답니다. 그래서 문맥을 통해 single의 정확한 의미를
이해해야 해요.

표현

블로그 003

for a while: 한동안
for a while은 '꽤 오랜 시간'이라는 느낌을 표현해요. 객관적이기보다는
주관적인 입장에서 길다고 생각할 때 이 표현을 많이 사용합니다. 참고
로 in a while과 헷갈리시는 분들이 있는데요. in a while 역시 '한동안'이
라는 뜻이 있지만, '가끔, 때때로'라는 의미의 (every) once in a while이

라는 표현으로 더 많이 쓰입니다. in a while(한동안)로 사용되는 경우는 I haven't spoken to you in a while.(너랑 한동안 말을 안 했네.) 정도가 생각 납니다. 그런데 이것도 I haven't spoken to you for a while.로 대체할 수 있으니, '한동안'이라는 표현은 그냥 for a while로 알아두세요.

발음

동영상 004

for a

for a는 한 호흡으로 매우 빨리 발음됩니다. 이처럼 전치사, 관사 같은 기능어는 빠르고 조그마한 소리로 후다닥 지나가듯이 발음하세요. 원어민이 잘 이해할 수 있는 소리를 내기 위한 영어의 3가지 원리를 영상으로 정리했습니다. 보시고 꼭 자기 것으로 만드세요.

예전에는 이런 어플을 쓰는 것에 거부감이 있었지만, 그것도 편견인 것 같아요.

I used to be against using these kinds of apps, but I realized I was being close-minded.

패턴

블로그 005

used to 동사원형: ~했었다, ~였었다

used to에는 '예전에는 그렇게 했었는데, 지금은 하지 않는다'는 뜻이 내포되어 있어요. would도 과거의 습관이나 반복적인 행동에 사용할 수 있지만, 지금은 아닌지 지금도 그러는지는 알 수 없어요. used to와 would의 개념과 차이를 더 구체적으로 알고 싶다면 QR코드를 찍어 확인하세요. 참고로, used to의 의문문은 ⟨Did + 주어 + used to + 동사원형 ~?⟩입니다.

I used to **have a girlfriend.** 나 예전에는 여친 있었는데.
I used to **make a lot of money.** 나 예전에는 돈 많이 벌었었는데.
I used to **be happy.** 나 예전엔 행복했었는데.
I used to **live here.** 나 예전에 여기 살았었는데.
Did you use to **have a girlfriend?** 너 예전에 여친 있었어?

패턴

I'm against 명사/-ing: ~에 반대해요, ~을 거부해요, ~은 아니라고 생각해요

이 패턴은 토론이나 좀 진지한 상황에서 어떤 이슈에 대해 반대 의견을 말할 때 주로 사용합니다. 이 패턴의 반대 표현은 I'm not against로 '~에 반대하지 않아'라는 의미예요.

I'm against violence. 난 폭력에 반대해.

I'm against any discrimination. 난 그 어떤 차별에도 반대해요.

I'm against a war of any kind. 난 그 어떤 전쟁도 반대해요.

I'm against using smartphones while walking on the street.
난 길을 걸으면서 스마트폰을 사용하는 것에 반대해요.

I'm not against people living together before marriage.
난 사람들이 결혼 전에 같이 사는 것에 대해서 반대하지 않아요.

패턴

블로그 006

I realized ~: 난 ~을 깨달았어 /
I didn't realize ~: 난 ~을 깨닫지 못했어

I realized는 전에 몰랐던 사실을 학습이나 경험을 통해 빠르게 인지하고 알게 될 때 사용합니다. 한국어로 "아차!" 하고 생생하게 깨닫는 느낌을 전할 때 유용하게 사용할 수 있어요. realize(깨닫다, 알아차리다)와 헷갈리는 표현으로 notice(보거나 듣고 알다, 눈치채다)가 있는데, 이것은 머리로 인지하는 것이 아닌, 직접 보고, 듣고, 느껴서 알게 될 때 사용합니다. 더 자세한 내용을 알고 싶다면 QR코드를 스캔해 보세요.

I noticed that you gained weight. (직접 눈으로 보고) 너 살쪘구나.

I realized that I was wrong. 내가 잘못한 것을 깨달았어.

I just realized that you were trying to help me.
난 네가 날 도우려고 했다는 것을 이제야 깨달았어.

I didn't realize that English was so important.
난 영어가 그렇게 중요한지 몰랐어요.

I didn't realize that Jayden was that smart.
난 Jayden이 그렇게 똑똑한지 몰랐어.

표현

close-minded: 편협한, 속이 좁은

close-minded는 직역하면 생각이 꽉 막힌(닫힌)의 의미로, 부정적으로 쓰이는 표현이에요.

You're becoming close-minded.
넌 점점 편협해지고 있어.

He's so close-minded. 그는 정말 속이 좁아.

이것도 사람을 만나는 한 방법인데 말이죠. 소개팅 어플 자주 사용하세요?

This is just another way to meet someone. Do you use dating apps often?

often

often은 t를 묵음으로 한 [오f은]과 t를 발음한 [오f튼], 두 가지로 발음돼요. 편안한 걸로 발음하면 됩니다.

자주는 아니고, 이번이 두 번째 소개팅이에요.
주말이나 쉬실 때 하는 취미 같은 거 있으세요?

Not a lot. This is my second date. Do you have any hobbies that you do on the weekends or on your days off?

day off: 쉬는 날

day off는 하루 잠깐 쉬는 날이고요, 보통 '쉬는 날'은 holiday라고 해요. 쉬는 날이 딱 하루가 아니라 이틀 이상이 될 수도 있어서 대화에서는 days off로 표현했어요. day 자리에 다른 기간을 나타내는 말을 넣어 쉬는 기간을 표현할 수도 있습니다.

I'm taking a day off today. / It's my day off today.
나 오늘 쉬어.

I'm taking this semester off. 나 이번 학기 쉬어.

I'm taking this month off. 나 이번 달 쉬어.

술이요!

Alcohol!

alcohol

[알콜]이라고 발음하지 않아요. [앨-코-홀] 이렇게 3음절로 발음하세요!

오! 주당이시구나.

Oh! You are a drinker?

술 좋아하는 사람: **drinker** / 담배 피우는 사람, 흡연가: **smoker**
술을 매우 좋아해서 많이 마시는 사람은? **heavy drinker**
보통, 사람들과 어울리는 상황에서 적당히만 마시는 사람은?
social drinker, moderate drinker, light drinker
술을 아예 안 하는 사람은? **non-drinker**
담배를 매우 좋아해서 많이 피우는 사람은? **heavy smoker**
담배를 적당히 조금만 피우는 사람은? **light smoker, moderate smoker**
담배를 아예 안 피우는 사람은? **non-smoker**

평서문 형식의 의문문
질문을 할 때 의문문으로 바꾸지 않고 평서문을 그대로 쓸 수 있는데요.
간편하게 끝부분만 올려서 물어보면 되니까 자주 쓰이고, 좀 더 캐주얼
하게 들린답니다.

네, 좋아하고 잘 마시기도 해요.

Yeah, I like to drink, and I have a high tolerance.

'좋아하다'는 동사: **like / love / enjoy**
뭔가를 좋아할 때는 like가 가장 일반적으로 쓰이고, 진짜 완전 좋아할
때는 좀 과장해서 love를 사용하기도 합니다. enjoy는 뭔가를 즐기고 만
족한다는 느낌이 강해요. enjoy 뒤에는 명사보다 동명사 형태가 많이
나오는데요. 일례로 I enjoy soccer.보다는 I enjoy playing soccer.라는 말
이 더 많이 들리긴 하죠.

I enjoyed it. 나야 그거 즐기지.
I enjoy reading books. 난 책을 즐겨 읽는 편이야.

tolerance: 내성, 저항력

tolerance는 '참을 수 있는 정도'를 말해요. 항생제가 처음엔 조금만 써도 듣지만 계속 사용하다 보면 나중엔 내성이 생겨 더 많은 양을 투입해야 하죠. 결국 tolerance가 높아(high)지는 거예요. 이와 같은 맥락으로 술을 잘 마시는 걸 알코올 저항력이 좋은 것으로 이해해서 high tolerance 라고 표현한 거예요.

I have a high tolerance **for pain.** 난 고통을 잘 참아.

Successful people have a high tolerance **for failure.**
성공하는 사람은 실패를 잘 참는다.

혹시 집에 술도 쌓아 놓고?

Do you have a stocked bar at home?

stock: 비축물, 저장품 / 물건을 저장하다

stock을 stock market(주식시장)처럼 보통 '주식'으로 알고 있는데요, 이 stock은 '물건들(재고)' 또는 '물건을 저장하다'의 의미도 있어요. 물건이 많이 쌓여 있는 상태를 떠올리시면 됩니다. stock이 들어간 표현 중 많이 쓰이는 것으로 out of stock(재고가 없는), in stock(재고가 있는), stock up(물건을 사서 비축하다) 등이 있습니다. 여기서는 원어민에게 좀 더 자연스러운 a stocked bar라고 표현했습니다.

A: Do you guys have Luke's pattern book in stock**?** Luke의 패턴책 있어요?
B: I'm sorry. That book is out of stock**.** 죄송해요. 그 책은 재고가 없습니다.

아니, 그렇진 않아요. 혼자서는 안 마셔요.

No, nothing like that. I don't drink alone.

표현

(There's) **nothing like that**.: 그런 건 전혀 없어요.

nothing like that은 '전혀 그렇지 않아'라는 의미예요. 사실 이 표현은 There's nothing like that.(그런 건 전혀 없어요.)으로 더 많이 쓰입니다.

I wish I had a time machine. But, there's nothing like that.
타임머신이 있다면 참 좋을 텐데. 그런데 그런 것은 없어요.

He's nothing like that. 그는 전혀 그런 사람이 아니야.

I heard my voice but it's nothing like this.
내 목소리 들어봤지만 절대 이런 소리 아니야.

집에서 마시는 건 안 좋아하지만, 사람들과 함께 마시는 분위기를 좋아해요.

I don't like drinking at home, but I like the atmosphere of sharing drinks with people.

발음

동영상 007

atmosphere

앞 at- 부분에 강세를 주고 [앳] 정도의 느낌으로 해서 [앳머ㅅf이어r]로 발음합니다. 발음을 글로 설명하고 이해하는 건 정말 어렵죠. 영상을 보면서 확실히 익혀 보세요.

이번 연휴에 계획 있으세요?

Do you have any plans for the holidays?

표현

Do you have any plans?: 뭐 하는 거 있으세요?

이런 질문을 하는 사람은 보통 상대방이 특별한 계획이 없다고 하면 뭔가를 같이 해야겠다는 생각을 하고 물어보는 거예요. 상대방에게 데이트 신청하거나 뭔가를 같이 하고 싶을 때 매우 많이 나오는 표현이죠.

holiday vs. vacation

미국에서는 여행이나 휴식 등을 목적으로 보내는 '휴가'를 vacation이라고 합니다. 그래서 '휴가 가다'라는 표현이 go on vacation이죠. 학교에서는 보통 2-3개월 정도의 긴 방학을 vacation(예: summer vacation)이라고 합니다. 그리고 우리나라의 봄방학처럼 짧게 1주일 정도 쉬는 기간은 break(예: spring break)라고 하고요. 반면에, holiday는 콜럼버스 데이나 추수감사절, 크리스마스 같은 '공휴일'을 말합니다. 참고로, holiday season은 보통 '12월 크리스마스부터 새해까지'를 가리켜요.

그럼 저랑 영화 보실래요?

Do you want to go see a movie with me?

패턴

Do you want to 동사원형?: ~할래?

Do you want to에서 want to는 wanna(워너/워나)로 발음됩니다. 회화에서 Do는 보통 생략하는 경우가 많은데, 심지어 Do you를 생략해서 Wanna ~?로도 많이 말합니다.

Do you want to eat out? 저녁 나가서 먹을래?

Do you want to travel? 여행 갈래?

You want to take that class together? 그 수업 같이 들을래?

Wanna get some rest? 잠깐 쉴까?

표현

go see a movie: (극장에) 영화 보러 가다

비슷한 표현으로 go to the movies도 같이 알아두세요. 원래 go and see a movie라고 해야 하지만, 보통 and를 생략하고 go 다음에 동사가 바로 나올 수 있어요. 그래서 아파서 의사 선생님 보러 간다고 할 때는 go see a doctor, "내가 가서 걔한테 물어볼게."는 Let me go ask him.처럼 말할 수 있습니다.

《어벤져스》 보셨나요?

Have you seen 'The Avengers'?

문법

동영상 008

Have you seen ~?: ~ 본 적 있어?

Have you seen ~?은 거의 100% '과거에 ~을 본 적이 있느냐?'는 경험을 나타냅니다. seen 대신에 다른 동사의 완료형을 써서 문장을 확장시키는 연습을 해 보세요. 그리고 완료형 질문에는 간단히 Yes, I have. 혹은 No, I haven't.로 답할 수 있습니다. 물론 Did you see "The Avengers"?라고 해도 틀리진 않지만, 과거시제는 Did you see "The Avengers" yesterday? 처럼 특정한(specific) 시점을 말하는 경우에 써요. 과거에 발생했으나 구체적인 시점이 없다면 보통 현재완료를 씁니다. 이것과 관련된 영상 하나 소개합니다.

A: Have you been **there?** 너 거기 가 본 적 있어?
B: Yeah, I've been there. / Yeah, I have. 응, 나 거기 가 본 적 있어.

그럼 영화 보고 식사하면서 맥주 한잔해요!

OK, why don't we watch a movie and grab a beer while we eat?

패턴

Why don't we 동사원형?: (우리) ~하는 게 어때?

이 표현은 같이 뭔가를 하자고 조심스럽게 제안할 때 써요. 상대에게 직접 해 보라고 제안할 때는 Why don't you ~?라고 하죠.

Why don't we go for a walk? 우리 산책 갈까요?

Why don't you talk to Luke about it?
그거 Luke한테 말해 봐.

Why don't you try it? 한번 그거 시도해 봐!

grab a beer: 맥주를 마시다

grab은 '잡다'의 뜻인데, '급히/잠깐 ~하다'라는 의미로도 쓰여서 뒤에 마실 거나 먹을 게 나오면 그것을 빨리 먹는다는 의미가 돼요. 보통 grab a bite (to eat)처럼 많이 쓰는데, 이건 간단히 먹을 수 있는 스낵(어묵, 순대, 떡볶이, 햄버거, 핫도그…) 등을 빨리 먹는다는 느낌이 있어요.

Wait here while I grab a coffee. 내가 빨리 커피 사 올 테니 여기서 기다려.
(* 학교에서는 a cup of coffee라고 배웠지만, 실제로는 a coffee를 더 많이 써요.)

Let's grab a bite to eat before we go. 가기 전에 간단히 뭐 좀 먹자.

오, 좋아요!
Oh, that sounds like a plan!

동영상 009

Oh, that sounds like a plan!: 오, 그거 좋은 생각이야!

이 표현을 계획처럼 들린다고 해석하시면 안 돼요. 상대 의견에 강하게 동의할 때, Wow! That's great! Let's do it. 정도로 말하는 느낌이에요. 짧게 줄여서 Sounds like a plan! / Sounds great!과 같이 말하기도 해요. 많이 나오는 표현이니 저장!! Absolutely, Definitely, Totally도 강하게 동의할 때 매우 많이 쓰여서 영상으로 정리합니다.

UNIT 2

 생일파티 준비 관련
결정적 상황과 대화

깜짝 파티
해 주는 건
어때?

- [ ] 나   야! 왜 이렇게 늦었어?
- [ ] 너   미안… 버스 시간표가 바뀐 걸 깜빡했어.
- [ ] 나   넌 정말 맨날 정리가 안 돼 있고 뒤죽박죽이야.
- [ ] 너   다음부턴 안 그럴게.
  그런데, 이번 주에 Jenny 생일이지 않아?
- [ ] 나   응, 맞아.
  생일선물로 뭘 줄지 생각해 둔 거 있어?
- [ ] 너   음… 글쎄, 화장품 아니면 가방?
- [ ] 나   우리 작년에 화장품 선물했잖아.
- [ ] 너   그럼 뭐 다른 좋은 생각 있어?
- [ ] 나   호텔 같은 근사한 데서 깜짝 파티 해 주는 건 어때?
- [ ] 너   오! 좋은 생각인데?
- [ ] 나   내가 곧 호텔 예약할 테니까 구체적으로 계획을 짜 보자.
- [ ] 너   알았어. 이제 맛있는 거나 먹으러 가자!

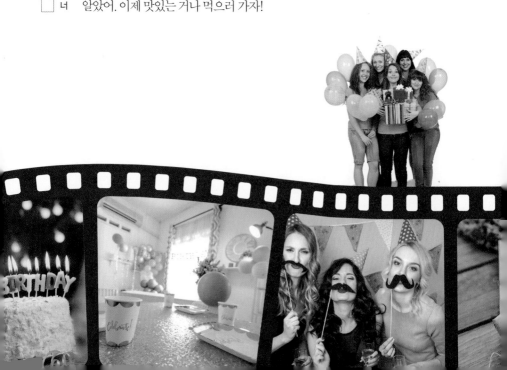

How about we pull off a surprise birthday party?

Me   Hey! **How come** you are so late?

You   Sorry. **I forgot that** there was a change in the bus schedule.

Me   **You're always disorganized.**

You   **I'll make sure** it doesn't happen again.
By the way, isn't it Jenny's birthday this week?

Me   Yes, it is.
Have you thought about what to get her for a birthday present?

You   Hmm… **maybe** cosmetics or a **purse**?

Me   We gave her cosmetics last year.

You   Then do you **have** something else **in mind**?

Me   **How about** we **pull off** a surprise birthday party at a nice place like a hotel?

You   Oh! That's a great idea.

Me   I'll **book** the hotel soon so let's **make a** detailed **plan**.

You   Alright. Now let's **go get some good food**!

야! 왜 이렇게 늦었어?

Hey! How come you are so late?

패턴

How come ~?: 어째서 ~야?, 왜 ~야?

How come은 Why와 같은 표현이에요. Why가 좀 더 직접적으로 추궁하는 느낌이 들긴 하지만 훨씬 많이 쓰이고, 이 둘의 의미 차이가 미묘해서 굳이 알 필요는 없어요. 더 중요한 건 말하는 사람의 감정과 그 상황(context)이에요. 또한 How come?은 "어째서?"라고 단독으로 쓰이기도 하지만, 좀 더 구체적으로 물어볼 때는 How come 다음에 '주어 + 동사'를 씁니다. 위 표현은 Why are you so late?로 바꿔 말할 수 있어요. Why나 How come은 상황에 따라서 따져 묻는 표현으로 약간 무례하게 들릴 수 있으니 사용할 때 조심해 주세요.

(영어 실력이 일취월장한 친구에게)
A: How come your English is getting so much better?
너 영어 실력이 왜 이렇게 좋아진 거야?

B: Because I've started using Luke's blog.
왜냐하면 Luke 블로그로 공부를 시작했거든.

(친구한테 전화 달라고 카톡을 보냈는데 한참 지나서 전화했을 때)
How come you didn't call me back? 왜 다시 전화 안 했어?

(자기만 몰랐던 것에 분개하며)
How come nobody told me? 어째서 아무도 나한테 말 안 했어?

미안… 버스 시간표가 바뀐 걸 깜빡했어.

Sorry. I forgot that there was a change in the bus schedule.

패턴

**I forgot to 동사원형: ~하는 것을 깜빡했어 /
I forgot that 주어 + 동사: ~가 …란 사실을 깜빡했어**

'~을 깜빡했어/까먹었어'라고 할 때, 보통 깜빡한 것은 과거를 말하는 것이니 I forgot으로 과거형으로 써 주면 되고요. 뒤에는 'to 동사원형'이나 'that 주어 + 동사' 형태가 옵니다. 물론 상황에 따라 명사만 집어넣어도 문제없습니다.

I forgot to call you. 너한테 전화하는 걸 깜빡했어.

I forgot to ask her. 걔한테 물어보는 거 깜빡했네.

A: How come you are so late? 너 왜 이렇게 늦었어?
B: I forgot to set an alarm. 알람 설정하는 걸 까먹었어.

I forgot that he joined the military.
나 걔가 군대 갔다는 것을 깜빡했어.

(＊the military 대신에 the Army를 넣으면 '육군', the Navy 는 '해군', the Air Force는 '공군', the Marine Corps는 '해병 대'를 갔다는 말이 됩니다.)

넌 정말 맨날 정리가 안 돼 있고 뒤죽박죽이야.
You're always disorganized.

표현

I'm/You're/He's/She's always ~: 난/넌/걔는 항상 ~해

이 표현은 원어민들이 꽤 자주 사용하는데요. 그 사람이 '항상 ~해 왔 다'는 의미로 쓰여요. 그리고 이때 always에 강세를 줘서 말해야 해요. MP3 파일을 들을 때 이 부분에 주의해서 들으며 따라 말해 보세요. 참 고로 원어민들은 자신의 짜증과 불만족스러움을 나타낼 때 항상 그런 건 아니지만 현재진행형과 always를 함께 써서 많이 말한답니다.

You're always complaining. 넌 항상 불평만 해.

I'm always forgetting things. 난 항상 뭘 잘 까먹어.

He's always trying hard. 걔는 항상 열심히 노력해.

다음부턴 안 그럴게. 그런데, 이번 주에 Jenny 생일이지 않아?

I'll make sure it doesn't happen again.
By the way, isn't it Jenny's birthday this week?

패턴

I'll make sure 주어 + 동사 / **to** 동사원형: (내가) 꼭 ~하도록 할게

사실 이 패턴보다는 아래에 나오는 응용 패턴이 더 많이 쓰인답니다. 간단하게 예문을 통해서 쭉 정리해 볼게요.

I'll make sure **to give you a call.** 내가 꼭 전화할게.

I'll make sure **to get this done.** 내가 이거 확실히 해 놓을게.

I'll make sure not to **forget this.** 내가 이거 절대 잊지 않을게.

I'll make sure **Jayden gets there on time.**
Jayden이 꼭 거기 제때 도착할 수 있도록 할게.

I'll make sure **we provide the best courses.**
최고의 과정을 꼭 제공하겠습니다.

(응용) Make sure to 동사원형 / **Make sure (that)** 주어 + 동사:
꼭 확실히 ~해!

'꼭 확실히 ~ 해!'라고 강한 어조로 말할 때 Make sure 패턴을 사용할 수 있어요. 특히 상대방에게 다시 한 번 꼭 하라고 확인할 때 많이 씁니다. Be sure도 쓰지만 Make sure를 더 많이 쓰니 Make sure로 기억해 주세요. 그리고 앞에 Just를 붙여서 Just make sure로도 캐주얼하게 쓰니 같이 알아두세요.

Make sure to **call me ahead of time.** 너 오기 전에 꼭 전화 먼저 해!
(* 미리: ahead of time, in advance)

If you want to speak English well, make sure to **practice every single day.** 영어를 잘하고 싶으면 매일 연습해야 해!
(* 참고로 every day를 강조할 때 every single day라고 많이 표현해요.)

Make sure to **hand in your assignment by next Saturday.**
다음 주 토요일까지 숙제 꼭 제출해.

(인질로 잡힌 아이가 살아 있는지 확인하려는 엄마)
I just want to make sure (that) **my kid is still alive.**
내 아이가 아직 살아 있는지 확실히 알고 싶어요.

I just wanted to make sure (that) **you got my email.**
난 단지 네가 내 이메일 받았는지 확인하고 싶었어.

I wanted to make sure (that) **you were safe.**
네가 무사한지 확인하고 싶었어.

by the way: 그런데, 아 참!

이 표현은 화제를 전환할 때(그런데), 갑자기 대화 내용과 전혀 관계가 없는 뭔가가 생각날 때(아 참!) 매우 많이 사용해요. 그리고 문자로 보낼 때는 앞의 이니셜을 따서 BTW (By The Way)라고 간단히 쓰죠. 이것과 헷갈릴 수 있는 표현이 anyway인데요. anyway는 상황을 빨리 마무리 짓고자 할 때 '어쨌거나, 그건 그렇고' 정도의 의미로 많이 사용합니다.

(친구하고 놀다가 갑자기)
By the way, did you finish your homework? 아 참, 너 숙제 다 했냐?

A: Let's go see a movie! 우리 영화 보러 가자!

B: Sounds great! By the way, let's ask Jayden if he wants to see.
좋아! 그런데, Jayden한테도 볼 건지 한번 물어보자.

A: I think this Youtube channel is pretty good for English learners.
이 유튜브 채널, 영어 학습자들한테 꽤 유익한 거 같아.

B: Anyway, I'm a big fan of LOOKLOOKENGLISH. It's super helpful.
그건 그렇고, 난 룩룩잉글리쉬 팬이야. 대박 도움 돼.

(*a big fan of ~는 '~의 광팬'이라고 말할 때 아주 많이 사용해요. super는 명사, 형용사 앞에 나와서 강조할 때 많이 쓴답니다.)

응, 맞아. 생일선물로 뭘 줄지 생각해 둔 거 있어?

Yes, it is. Have you thought about what to get her for a birthday present?

Have you (ever) thought about ~?: (지금까지) ~을 생각해 본 적 있어?

Have you (ever) p.p. ~?는 '~해 본 적 있어?', '~해 봤어?'의 의미로 정말 많이 사용하는 패턴이에요. 이 문장에서 p.p.(과거분사) 부분에 해당하는 thought도 스피킹할 때 꽤 유용하게 쓸 수 있어요. 여기에 ever를 넣으면 '한 번이라도'의 의미로, 정도의 경험을 묻는 느낌을 좀 더 살려 주게 됩니다.

Have you thought about living in the States? 너 미국에서 사는 거 생각해 본 적 있어?

Have you ever thought about learning Vietnamese?
너 베트남어 배울 생각 한 번이라도 해 본 적 있어?

Have you ever thought about going out with Julia?
Julia하고 사귈 생각해 본 적 있어?

Have you ever thought about running your own business?
네 사업을 하는 것에 대해 생각해 본 적 있어?

Have you ever thought about getting married?
결혼을 생각해 본 적 있어?

음… 글쎄, 화장품 아니면 가방?

Hmm... maybe cosmetics or a purse?

표현

블로그 010

maybe: 음…, 그게 말이지

원어민들이 문장을 maybe로 시작하는 경우가 많은데요, 이때는 '아마… 잘 모르겠지만…' 이 정도의 느낌이에요. maybe 대신 perhaps도 쓰긴 하지만 maybe가 더 많이 나오니까 스피킹할 때는 maybe로 하세요. 참고로 probably도 원어민들이 매우 좋아하는 표현이에요. 이것은 maybe보다는 좀 더 확신을 가지고 말하는 것으로, 70-80% 가능성이 내포되어 있어요. 물론 말투가 가장 중요합니다. 더 자세하게 공부하고 싶으면 QR코드를 스캔해 보세요.

A: How long does it take to get here? 여기까지 오는 데 얼마나 걸려?

B: Maybe 30 minutes. 아마… 음… 30분 정도 걸릴 거야.
(*물론 30 minutes, maybe.처럼 maybe를 뒤에 써도 돼요. maybe 대신에 probably를 써도 비슷한 의미를 전달합니다.)

Hey! This smartphone doesn't seem to work properly. Maybe you should get a refund.
야! 이 스마트폰 문제 있는 거 같아. 환불받는 것도 한번 생각해 봐.

(* You should get a refund. 앞에 Maybe를 붙임으로써 환불받는 게 최선의 방법인지는 잘 모르겠지만 한번 생각해 보라고 조심스럽게 의견을 내고 있는 거죠.)

Do you want to go see a movie maybe? 너 혹시 영화 보러 갈래?
(* 영화를 보는 것이 최선인지는 모르겠지만, 영화를 보는 것도 괜찮지 않을까 아이디어를 내는 느낌이죠.)

purse: 가방

purse는 handbag하고 같다고 봐도 좋아요. 참고로 '작은 지갑'을 말할 땐 wallet을 주로 씁니다.

purse   wallet

그럼, 뭐 다른 좋은 생각 있어?

Then do you have something else in mind?

have ~ in mind: ~을 염두에 두다, 생각해 두다

(상점에서 고객에게)

Do you have something in mind? 생각하고 계신 물건 있으세요?

This is not what I have in my mind. 이건 제가 생각했던 물건이 아니네요.
(* 물론 더 간단하게 This is not what I'm looking for.라고도 말할 수 있겠죠.)

(친구가 대학에 합격해서 행복한 날에)

A: Maybe we can celebrate tonight. 우리 오늘 밤 축하하는 건 어떨까?

B: What do you have in mind? 뭐 좋은 생각 있어?
(* 이 표현은 상대방에게 뭘 하고 싶은지 물을 때 많이 사용해요.)

이 표현과 함께 What's in your mind?와 What's on your mind?를 설명하고 갈게요. What's in your mind?는 '너 무슨 생각을 하고 있니?'라는 뜻으로 What are you thinking?과 같은 의미예요. 반면에 What's on your mind?는 '너 무슨 일 있니?', '너 무슨 걱정거리가 있는 거야?'의 의미로 쓰인답니다. 참고로, It's all in your mind.가 있어요. 자꾸 아프다 아프다 하면 정말 아프게 느껴지듯이, '모든 건 생각하기에 달려 있다'고 할 때 사용할 수 있어요.

호텔 같은 근사한 데서 깜짝 파티 해 주는 건 어때?

How about we pull off a surprise birthday party at a nice place like a hotel?

How about ~? vs. What about ~?

How about ~?과 What about ~?은 둘 다 제안할 때 사용해요. 두 패턴이 미묘한 차이는 있지만 굳이 알 필요는 없어요. 단 How about은 뒤에 명사가 나오기도 하고, 본문처럼 '주어 + 동사(we pull off)'도 나올 수 있답니다. 하지만 What about은 뒤에 명사/-ing만 올 수 있어요. 따라서 이 표현을 What about으로 바꾸면 What about pulling off ~처럼 되어야 해요. 또 한 가지, What about은 '~는 어떻게 하고?'의 의미로 어떤 문제를 제기하거나 어떤 일을 상기시킬 때도 쓰인답니다. 예를 들어, 주말에 가족 모두 놀러 가기로 했는데 나는 월요일에 시험이 있어요. 그러면 다른 가족들에게 What about my test on Monday?(월요일 시험은 어떻게 하고요?)라고 물어볼 수 있겠죠. 그럼 예문을 통해 How about ~?과 What about ~?의 차이를 확실히 익혀 보세요.

A: How about we go see a movie? 영화 보러 가는 거 어때?

B: I'd love to, but what about the kids?
나야 가고 싶지. 하지만 애들은 어떻게 하고?
(*아이들이 있다는 사실을 상기시키며 영화를 볼 수 없을 것 같다는 말을 What about ~?을 써서 표현했어요.)

A: I'm so bored. How about watching a movie?
나 너무 지루해. 영화 보는 거 어때?

B: What about our exams tomorrow?
우리 내일 시험은 어떻게 하고?

pull off: (힘든 것을) 해내다, 성사시키다

pull off는 뭔가 쉽지 않고, 어려운 일을 제대로 해낸다는 표현이에요. 줄다리기(a tug of war)를 한다고 생각해 보세요. 줄다리기를 하면 줄을 당겨야(pull)겠죠. 그것을 제대로 당겨서(pull) 그 결과가 떨어져(off) 나에게 왔다고 생각하면, 내가 그것을 달성한 거죠. 그러면 pull off가 '해내다, 달성하다'로 이해될 수 있을 거예요.

(영화에서 위험한 장면을 성공적으로 촬영한 배우에게)
How did you pull that off? 그걸 어떻게 해낸 거예요?

(거의 질 뻔한 경기에서 동점골과 결승골을 넣은 선수에게)
I thought we were gonna lose. But, you pulled off the victory.
전 우리가 거의 지는 줄 알았거든요. 하지만 승리를 이끌어 내셨네요.

내가 곧 호텔 예약할 테니까 구체적으로 계획을 짜 보자.

I'll book the hotel soon so let's make a detailed plan.

book: 예약하다

'예약하다'고 할 때는 book, reserve 둘 다 사용할 수 있습니다. 사실 이 두 표현은 그냥 아무거나 사용해도 돼요. 물론 비행기(flight) 예약이나 호텔(hotel)을 예약할 때는 book을 많이 쓰긴 합니다. 유용하게 사용할 수 있는 표현들을 아래에 정리해 볼게요.

Hi, I'd like to book a room. Would you please tell me an email address so that I can tell you the details of my booking?
안녕하세요. 방을 하나 예약하고 싶은데요. 이메일 주소를 알려 주시겠어요. 그러면 제가 자세한 예약(booking) 내용에 대해서 말씀드릴게요.

I'd like to reserve a table for dinner. 저녁 식사 자리 예약하고 싶은데요.

make a plan: 계획을 세우다 (= set up a plan)

구체적인 계획은 자세한 계획이기도 하니 specific plan이나 detailed plan 둘 다 써도 무방합니다. 참고로 '정확한 시간'을 말할 때 exact time, specific time은 나오지만 detailed time은 어색합니다.

알았어. 이제 맛있는 거나 먹으러 가자!
Alright. Now let's go get some good food!

표현

go get some good food: 맛있는 음식을 먹으러 가다

〈Unit 1〉에서도 간단히 설명했지만, 많이 쓰는 표현이니 한 번 더 정리하고 넘어가겠습니다. 이 표현은 원래 go and get some food인데, 실제 회화에서는 이렇게 go and get에서 and를 빼고 go get을 많이 쓴답니다.

go and ask him도 간단하게 go ask him이라고 쓰고요.

go and see a doctor도 간단하게 go see a doctor라고 쓸 수 있어요.

go and see a movie 역시 go see a movie로 쓸 수 있죠.

이렇게 go and 다음에 동사가 나오는 경우, and는 생략해서 말할 수 있다는 것을 기억하세요. 참고로 go 외에 come도 뒤에 and 없이 동사를 바로 붙여 쓸 수 있어요.

come (and) visit me 날 찾아오다

come (and) see her 그녀를 보러 오다

come (and) find them 그것들을 찾으러 오다

come sit down 와서 앉다

UNIT 3

 식당 웨이팅 관련
결정적 상황과 대화

순서 되면
전화해
주시겠어요?

☐ 나   자리 있나요?

☐ 직원   몇 분이세요?

☐ 나   8명이요.

☐ 직원   아이 포함해서 8분이세요? 아이가 몇 명인가요?

☐ 나   아이 2명이요.

☐ 직원   아이 의자 필요하세요?

☐ 나   네. 아이 의자는 한 개만 준비해 주세요.

☐ 직원   그런데 지금 대기 시간이 길어서 30분 정도 기다리셔야 해요.
         8분이 함께 앉으셔야 하나요?
         아니면 나눠서 테이블 세팅해 드려도 될까요?

☐ 나   그냥 기다렸다가 같이 앉을게요.

☐ 직원   그러세요. 대기표 받으시고 대기실에서 앉아서 기다려 주세요.

☐ 나   저희 밖에 나가 있을게요.
         순서 되면 전화해 주시겠어요?

☐ 직원   네, 그렇게 해 드릴게요. 연락처가 어떻게 되시죠?

☐ 나   010-2345-9876입니다.

☐ 직원   자리 나면 바로 연락드리겠습니다.

Can you give me a call when it's our turn?

Me   Do you have a table?

Staff   For how many?

Me   8 people.

Staff   Is it 8 people including the children? How many children?

Me   2 Children.

Staff   Do you need booster seats?

Me   Yes, please. We only need one booster seat.

Staff   It's about 30-minute wait.
     Do you want to sit all 8 people together?
     Or is it OK to sit at separate tables?

Me   We'll just wait and sit together.

Staff   Sure. Please take a ticket and sit in the waiting area.

Me   We will be outside.
     Can you give me a call when it's our turn?

Staff   Of course. What's your number?

Me   010-2345-9876.

Staff   I'll call you as soon as we have your table ready.

자리 있나요?
Do you have a table?

식당에 들어갔는데 자리가 가득 차 보이거나, 사람이 많아서 붐빌 때 이렇게 얘기하면서 대화를 시작할 수 있어요.

조금 응용하면 Do you have a table for two?(두 사람 앉을 자리 있나요?), Do you have a table for five?(다섯 명 앉을 자리 있나요?)라고 할 수 있어요.

몇 분이세요?
For how many?

원어민들은 완벽한 문장을 쓰지 않고, 특히 식당 같은 곳에서는 간략하게 표현하고자 하는 경향이 있어요. 예를 들어 "너 괜찮아?"는 Are you okay?라고 하지만, 어떤 원어민들은 be동사를 생략하고 그냥 You okay? 라고 말하거든요. For how many?도 간단하게 말하는 거죠. 이런 표현들은 그냥 암기해 두는 게 맘 편해요.

For how many years? 너 여기서 얼마나 일했어?
(*For how many years have you worked?를 간단하게 표현한 말이에요.)

아이 포함해서 8분이세요? 아이가 몇 명인가요?

Is it 8 people including the children?
How many children?

표현

including: ~을 포함해서

I love you more than anyone, including myself.
난 그 누구보다 널 사랑해. 날 포함해서 말이야.

I've worked with most of the famous corporations including
Google. 난 구글을 포함해서 거의 모든 유명한 기업과 일해 봤어.

All the members are going to quit including me.
나를 포함해서 모두 다 (이 회사) 그만둘 거야.

아이 의자 필요하세요?

Do you need booster seats?

표현

booster seat vs. high chair

booster seat는 자동차 좌석이나 식탁 의자에 올려놓을 수 있는 어린이
용 보조의자를 말하고, high chair는 그냥 어린아이가 앉는 식사용 의자
를 말해요. 사진에서 보는 것처럼 high chair는 다리가 길고 음식을 놓을
수 있는 작은 탁자가 달려 있어요. (보통 우리가 음식점에서 볼 수 있는 것
이 바로 high chair죠.)

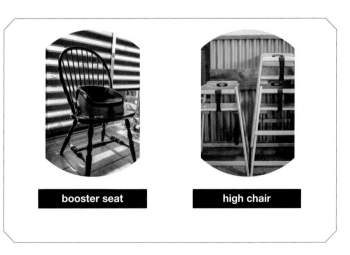

booster seat   high chair

그런데 지금 대기 시간이 길어서 30분 정도 기다리셔야 해요.

It's about 30-minute wait.

표현

한국어를 보고, 영작하라고 하면 영어 잘하시는 분도 There are people ahead of you so you'll need to wait about 30 mins. 정도로 하실 거예요.

사실 이렇게 해도 의사소통에 전혀 지장은 없어요. 그런데요, 실제로 음식점에 가면 원어민들이 이렇게 얘기하지 않습니다. 이 뜻으로 원어민들이 주로 쓰는 표현이 바로 It's about 30-minute wait. 예요. 사실 이런 표현은 미국이나 캐나다 음식점에 직접 가 보지 않은 이상 경험하기 힘든 부분이죠. 이 책의 목적 중 하나가 원어민들에게 정말 자연스럽게 들리는 영어로 말하는 것이니만큼, 우리말에 얽매이지 말고 소개하는 표현들을 적극적인 자세로 익혀 보세요.

8분이 함께 앉으셔야 하나요? 아니면 나눠서 테이블 세팅해 드려도 될까요?

Do you want to sit all 8 people together?
Or is it OK to sit at separate tables?

패턴

Is it OK to 동사원형 / if 주어 + 동사 / that 주어 + 동사?:
~해도 될까요?, ~해도 괜찮을까요?

상대방에게 양해나 허락을 구할 때 사용하는 패턴이에요. okay 대신 all right을 써도 됩니다.

Is it okay to **eat raw fish?** = Is it okay if **I eat raw fish?**
저 회 먹어도 되나요?

Is it okay to call you later? = Is it okay if I call you later?
내가 나중에 전화해도 돼요?

Is it okay to go to the restroom? = Is it okay if I go to the restroom?
잠깐 화장실에 다녀와도 되나요?

Is it okay to try this on? = Is it okay if I try this on?
이것 좀 입어 봐도 될까요?

발음

동영상 011

sit vs. seat

엄연히 단모음과 장모음의 발음 차이가 있는데, 그 차이를 무시하고 발음하는 분들이 많아서 짚고 갈게요. 영어는 원어민다운 표현을 말하는 것도 중요하지만, 말할 때 정확히 발음하는 것도 중요합니다. sit의 [i] 발음은 기침을 하는 것처럼 공기가 약간 아래로 나가는 듯하게 발음해 주세요. [씻]의 느낌으로요. 반면, seat은 공기를 30도 정도로 올려 보내서 포물선을 그린다는 느낌으로 [씨~잇] 정도로 발음하시면 돼요. 꼭 영상을 보고 연습해 보세요.

저희 밖에 나가 있을게요. 순서 되면 전화해 주시겠어요?

We will be outside.
Can you give me a call when it's our turn?

패턴

Can you 동사원형 ~?: ~해 줄래?

가볍게 부탁할 때 많이 사용해요. [캐뉴] 정도로 연음해서 부드럽게 발음해 주세요. 예를 통해서 많이 나오는 표현 중심으로 공부해 볼 건데요, 공손하게 부탁하고 싶으면 Can you 대신 Could you ~?로 말하거나 문장 앞이나 뒤에 please를 붙이는 것도 좋습니다.

Can you **do me a favor?** 부탁 좀 들어줄래?
(* do me a favor: 부탁을 들어주다)

Can you **walk me home?** 집까지 데려다줄래?

Can you **give me your phone number?** 전화번호 좀 줄래?

Can you **show me how to do it?** 그거 어떻게 하는지 보여 줄 수 있어?

Can you **tell me why you were absent yesterday?**
어제 왜 결석했는지 말해 줄래?

give me a call: 나에게 전화하다 (= call me)

이 표현 대신 hit me up on my cell, 또는 hit the cell로 말하기도 해요. 참고로 여기서 cell은 '휴대폰(cellular phone)'을 말해요. 그리고 give me에서 [v] 소리는 빨리 말하기 때문에 거의 들리지 않아요. 이것을 포함해서 love me, leave me, save me 등 [단어의 끝소리 v + 단어의 첫소리 m] 소리 역시 [v] 발음이 생략되어서 각각 [럽미], [립미], [세입미] 정도로 발음됩니다. 발음은 영상으로 직접 보고 듣는 것이 매우 중요해요. 꼭 QR코드를 클릭해서 영상을 확인하세요!

동영상 012

네, 그렇게 해 드릴게요. 연락처가 어떻게 되시죠?

Of course. What's your number?

표현

Of course.: 네. 물론이죠. 당연하죠.

Of course는 상대방 말에 아주 강하게 맞장구치거나, '당연하죠!'라는 의미로 많이 쓰입니다. 그래서 여기서는 Sure. / Absolutely. / Definitely.로 대체가 가능합니다. 단! 이 표현들을 항상 Of course.로 바꿔 쓸 수 있는 것은 아니니 그냥 1:1 공식으로 외우지 말기를 바랍니다. 참고로 원어민들이 상대방 말에 강하게 맞장구칠 때 사용하는 표현들을 유튜브 영상을 통해 정리해 보면 도움이 많이 되실 거예요.

동영상 013

표현

(phone) number 전화번호

'전화번호'는 원래 phone number이지만, 캐주얼한 상황에서는 간단하게 number라고 말합니다. 비슷하게 airplane을 plane으로, cellular phone을 phone이나 cell로 짧게 줄여서 말하지요.

Is this your number? 이게 당신 번호인가요?

010-2345-9876입니다.

010-2345-9876.

발음

동영상 014

전화번호를 상대방에게 불러 줄 때는 정확하게 끊어서 발음하세요!

전화번호를 말하는 방법은 매우 간단합니다. 각각의 숫자를 하나씩 또 박또박 발음해 주되, 각각 끊어서 말해 주는 거예요. 그리고 010-2345-9876에서처럼 중간에 '-'에서는 좀 더 긴 포즈(멈춤)를 주는 것이 좋아요. 특히 발음 부분은 글로 설명하고 이해하는 게 쉽지 않다고 했죠. 꼭 QR코드를 클릭해서 영상을 확인한 후, 전화번호 말하기 부분을 완벽하게 익혀 보세요.

자리 나면 바로 연락드리겠습니다.

I'll call you as soon as we have your table ready.

표현

블로그 015

I'll call you.: 전화할게요.

이렇게 상대방에게 뭔가를 하겠다고 약속할 때는 I'll을 많이 사용합니다. 하지만 I'm going to call you.라고 해도 이상하게 생각하는 원어민은 거의 없어요. 물론 어떤 부탁을 할 때는 Will you help me?(도와줄 수 있어?)가 자연스러워요. 만약 Are you going to help me?라고 하면 전달하는 느낌이 확 달라지죠. (너 나 도와줄 거야? - 약간 무례한 느낌이 들죠?) 이렇게 구별해야 하는 경우도 있으니 꼭 QR코드를 스캔해서 읽어 보고 앞으로 will과 be going to에 대해서 더 이상 고민하지 마시기 바랍니다.

have(get) ~ ready: ~을 준비하다

have와 get은 비슷하게 쓰이지만 약간 차이가 있습니다. have는 주로 결과(outcome)에 포커스가 맞춰져 있고, get은 행위(action)에 포커스가 맞춰져 있어요. 실제로 원어민들에게 물어보면 두 표현이 거의 비슷하다고 해요. 하지만 위에 나온 느낌을 살려서 동사를 활용하면 좀 더 자연스럽게 구사할 수 있겠죠. 식당에서 'table이 준비되면 연락드리겠다'에서 중요한 것은 치우는 동작이 아니라 결과(다 치워진 상태)에 포커스가 있으니 have가 자연스러워요. 이 경우 get your table ready는 직접 자신이 치워서(action) 준비시키겠다 정도의 느낌이라 어색합니다. 그러니 have your table ready를 꼭 기억해 주세요.

Have your stuff ready when I pick you up at 7.
7시에 픽업할 때 모든 게 다 준비한 상태(결과)로 있어.

Go get your stuff ready and I will pick you up at 7.
가서 준비해. (가서 빨리 준비하라는 행위에 포커스) 그럼 내가 7시에 픽업할게.

I'm going to have this ready by tomorrow.
(상사가 PPT 자료를 물어볼 때) 내일까지 준비해 놓을게요.

I'm going to have your car ready by next Monday.
(카센터에서) 다음 주 월요일까지 고쳐 놓을게요.

You need to get some questions ready.
(소개팅을 앞둔 친구에게) 미리 뭘 물어볼지 준비해 놔!

사실 대화할 때는 문맥이 훨씬 중요해서 get something ready나 have something ready나 큰 차이는 없어요. 선생님이 학생에게 Have your presentation ready by tomorrow. (내일까지 발표 준비해.)라고 할 수 있지만, Get your presentation ready by tomorrow.라고도 할 수 있는 거죠.
단, Have your presentaiton ready. 라고 하면 누가 옆에서 도와주든 상관없이 준비(ready)에 포커스를 두는 것이고, Get your presentation ready. 는 네가 직접 준비하라는 느낌이 들어가 있는 겁니다.

UNIT 4

공항 리무진 운행 시간 관련
결정적 상황과 대화

공항 리무진
운행 시간
좀 알 수 있을까요?

- [ ] 나   안녕하세요, 내일 인천공항에서 독일로 출국할 건데요.
       공항 리무진 운행 시간이 어떻게 되는지 알 수 있을까요?
- [ ] 안내원   탑승 장소가 어디시죠? 어느 터미널을 이용하시나요?
- [ ] 나   판교에서 탑승하고 인천공항 제1 터미널입니다.
- [ ] 안내원   출국 시간이 몇 시인가요?
- [ ] 나   아침 8시요.
- [ ] 안내원   공항 리무진 첫차가 판교에서 6시에 있습니다. 밤 9시까지 정시에 한 대씩
       있는데, 손님 출국 시간이 8시여서 너무 타이트할 것 같네요.
- [ ] 나   버스 정류장에서 공항까지 얼마나 걸리는데요?
- [ ] 안내원   보통 1시간 10분 정도 걸리는데, 오전 6시는 50분 정도로 생각하시면 됩니다.
- [ ] 나   출국 시간이 너무 빠듯하네요.
       다른 방법으로 갈 수 있는 건 없을까요?
- [ ] 안내원   태워다 주실 분을 찾으시거나 공항 택시를 불러 가시는 게 여유 있겠네요.
- [ ] 나   네, 감사합니다.

Can you tell me what's the airport limousine timetable?

Me   Hello, I'm **leaving for** Germany tomorrow from Incheon Airport.
Can you tell me what's the airport **limousine timetable**?

Clerk   Where are you **boarding** the bus? **Which** terminal are you using?

Me   I'll be boarding at **Pangyo** and I'll be at Terminal 1.

Clerk   What is your **departure** time?

Me   8 in the morning.

Clerk   The first limousine will be leaving from Pangyo at 6 a.m.
There is a bus **every hour until** 9 p.m., but **I think** it **would** be too tight since your flight time is at 8.

Me   **How long is** the ride from the bus stop to the airport?

Clerk   It usually **takes** about 1 hour and 10 mins, but it **should** only **be** about 50 mins at 6 a.m.

Me   That's too close to my departure time.
Is there any other transportation I can take?

Clerk   **You would need to** find someone to **give** you **a ride** or call an airport taxi to save time.

Me   OK, thanks.

안녕하세요, 내일 인천공항에서 독일로 출국할 건데요.

Hello, I'm leaving for Germany tomorrow from Incheon Airport.

표현

leave for ~: ~를 향해 떠나다, ~로 떠나다

'~로 떠나다'일 때는 꼭 for를 써 주세요. for 없이 그냥 I'm leaving Germany.라고 하면 내가 지금 독일에 있고, 독일에서 다른 곳으로 떠난다는, 완전 반대의 의미가 됩니다. 또 하나 I'm leaving from Germany.라고 for 대신 from을 쓰면 독일에서 떠난다는 것을 강조하는 느낌이에요. 또 교통수단(비행기, 버스, 열차 등)이 떠난다고 할 때는 leave 대신 depart를 써도 좋아요. 물론 depart가 약간 formal하게 들린답니다.

발음

leave vs. live

동영상 016

leave와 live의 발음 차이를 잘 알아야 해요. 먼저 live는 호흡을 짧게 해서 기침하듯이 [리v]로 발음하세요. 다음으로 leave는 입에서 공기를 30도 정도 높이로 쏘아 주다가 떨어지는 느낌으로 [리~이v]로 발음하시면 됩니다. 발음을 글로 설명하고 이해하는 건 정말 힘들어요. 영상을 보면서 확실히 익혀 보세요.

공항 리무진 운행 시간이 어떻게 되는지 알 수 있을까요?

Can you tell me what's the airport limousine timetable?

패턴

Can you tell me ~?: ~을 말해 줄 수 있어요?

뭔가를 부탁하거나 물어볼 때 Can you ~?로 물어보죠. 여기에 tell me를 붙여서 Can you tell me ~?라고 하면 상대방에게 어떤 정보나 내용을 말해 달라고 부탁할 때 사용해요. 특히 이 표현은 뒤에 의문사 who, when, where, what, how, why가 많이 나옵니다. 좀 더 정중하게 부탁하려면 Could you tell me ~?라고 하세요. 참고로, 원래 이렇게 Can you tell me 등의 말 뒤에 나오는 간접의문문의 형태는 '의문사 + 주어 + 동사 ~?'지만, 실제 회화에서 원어민들은 위의 문장처럼 '의문사 + 동사 + 주어 ~?'의 형태로 말하기도 합니다.

Can you tell me more about it?
그것에 대해서 더 자세하게 말해 줄래요?

Can you tell me where you parked your car?
차 어디다 주차했는지 말해 줄래요?

Can you tell me why you were angry yesterday?
어제 왜 화났는지 말해 줄래요?

Can you tell me what you did wrong?
네가 무슨 잘못을 했는지 말해 볼래?

표현

limousine: 리무진

limousine은 '운전자가 딸린 호화 대형 승용차'를 말하지만 공항 버스도 이렇게 부릅니다. 간단히 limo로도 부르죠.

표현

timetable: 시간표, 일정표

버스, 기차, 비행기 등 교통수단뿐만 아니라 학교에서의 수업, 직장에서의 '일정표'는 모두 timetable이에요. 비슷한 표현으로 schedule이 있습니다. 보통 timetable은 bus/train timetable처럼 어떤 일이 정해진 시간에 반복적으로 일어나서 모든 사람에게 똑같이 적용되는 경우에 주로 사용됩니다. 반면 schedule은 개인마다 다른 자신의 '일정'을 말할 때 많이 사용합니다. 하지만 무 썰 듯이 구분해서 쓰지 않고 둘 다 혼용해서 쓰는 편이에요. 참고로 한국인들이 스케줄이 많다는 말을 I have a lot of schedules.라고 하는데, 이것은 잘못된 표현이에요. 이때는 I have a busy schedule.(나 일정이 바빠.) 또는 I have a tight schedule.(나 일정이 빡빡해.)과 같이 말해 주세요. schedule이 모든 일정을 말하는 거라서 one schedule만 가질 수 있기 때문이죠.

57

탑승 장소가 어디시죠?

Where are you boarding the bus?

표현

board: 탑승하다, 승차하다

이 상황은 승객과 안내원 사이에 오고 가는 약간의 formal한 대화이기 때문에 board를 사용했지만, 보통 버스를 탈 때는 get on the bus라고 표현합니다. 참고로 get in은 택시나 승용차 같이 크기가 작은 교통수단을 탈 때 쓰고, 버스나 기차, 비행기(보통 많은 사람들이 몸을 구부리지 않고 타는 것)를 탈 때는 get on을 사용해서 get on the bus, get on the train, get on the plane이라고 말합니다.

어느 터미널을 이용하시나요?

Which terminal are you using?

표현

Which vs. What

Which terminal이라는 말은 터미널의 수가 몇 개로 한정되어 있다는 느낌이 강해요. 인천공항에 터미널이 수백 개가 있는 게 아니잖아요. 그럴 때는 Which를 주로 씁니다. 반면에 What은 선택 범위를 한정하기 힘든 경우에 쓰여요.

(친구가 이미 5개 대학에 지원할 것을 알고 있을 때)

Which school are you going to choose? 너 어느 대학으로 갈 거야?

문법

미래를 나타내는 현재진행형

현재진행형인 'be동사의 현재형 + 동사-ing'는 회화체에서 가까운 미래에 거의 확정된 일을 나타낼 때 자주 쓰입니다. 미국인들이 확정된 미래의 뜻을 나타낼 때 가장 많이 사용하는 시제가 바로 이 현재진행형이라는 것, 꼭 알아두세요.

I'm woking tomorrow. 나 내일 일해.

I'm going shopping with my mom this afternoon.
나 오늘 오후에 엄마랑 쇼핑하러 갈 거야.

판교에서 탑승하고 인천공항 제1 터미널입니다.

I'll be boarding at Pangyo and I'll be at Terminal 1.

표현

Pangyo: 판교 정류장

여기서 Pangyo는 버스 정류장 이름입니다. 그래서 첫 글자를 대문자로 썼어요. 버스 정류장 이름은 고유명사라서 굳이 뒤에 stop을 넣을 필요가 없습니다. 그리고 앞서 Which terminal are you using?이라고 질문했기 때문에 I'll be using Terminal 1.이라고 대답해도 괜찮습니다. 하지만 I'll be at Terminal 1.이 조금 더 자연스럽기에 선택했습니다.

출국 시간이 몇 시인가요?

What is your departure time?

표현

departure: 출발 ⟷ **arrival**: 도착

이렇게 버스, 비행기, 기차, 배 같은 교통수단의 출발/도착을 말할 때는 departure/arrival 같은 표현을 사용하지만, 보통 일상적으로 '출발하다'고 할 때는 go/leave, '도착하다'는 말은 get을 더 많이 사용합니다.

What time do you leave?
몇 시에 출발해? (* 훨씬 많이 사용)

What time do you depart?
몇 시에 출발해? (* 사용빈도 낮음)

I'll get there at 4.
나 거기 네 시에 도착해. (* 캐주얼하게 많이 사용)

I'll arrive there at 4.
나 거기 네 시에 도착해. (* 조금 formal하지만 종종 사용하긴 함)

밤 9시까지 정시에 한 대씩 있는데,
손님 출국 시간이 8시여서 타이트할 것 같네요.

There is a bus every hour until 9 p.m., but I think it would be too tight since your flight time is at 8.

패턴

동영상 017

I think 주어 would 동사원형: 제 생각엔 ~일 것 같아요, ~일 거라 생각해요

I think it would be too tight에서 would be는 약간 직설적인 것을 부드럽게 표현하는 역할을 해요. 원어민들이 would를 많이 남발하는데요. 사실 would에는 여러 가지 용법이 있지만, 여기서처럼 자신의 의견을 좀 부드럽게 조절하는 용도로 쓰이기도 합니다. 이 문장처럼 앞에 I think 까지 넣으면 더 부드럽게 들리죠. 매우 공손한 느낌도 들고요. 이 말을 직설적으로 바꾸면 It will be too tight.가 되겠죠. 결국 어감의 정도 차이입니다. 참고로 would와 관련되어서 원어민들이 가장 많이 사용하는 최빈도 영상을 꼭 확인하세요.

I think you would be able to pass the test.
제 생각엔 당신이 시험에 통과할 것 같아요.

I think it would be better for both of us.
전 이게 우리 모두에게 더 좋을 거라고 생각해요.

I think I would try if I were you.
내가 너라면 도전해 볼 것 같아.

I think I would freak out if my parents did get divorced.
우리 부모님이 이혼하신다면, 난 정말 놀라 기겁할 거야.

표현

every hour: 매시간

좀 더 정확하게 '매시 정각(12시, 1시, 2시…)'은 every hour on the hour 라고 표현해요. 그러면 '30분마다'는 뭐라고 표현할까요? Every half an hour 또는 every 30 minutes라고 하죠. 그러면 '이틀마다'는 뭘까요? Every two days라고 하시면 되고요. 이것만 알면 다른 것에도 응용할 수 있습니다.

2년마다 → **every two years**
석 달마다 → **every three months**
5분마다, 5분 간격으로 → **every five minutes**

until vs. by

until과 by의 차이점은 영어 좀 공부하신 분이라면 많이 들어봤을 거예요. 자! 이미 알고 있는 분은 복습 차원에서, 그리고 아직도 헷갈리는 분들은 이번 기회에 확실히 알고 가도록 하세요.

먼저 by는 '(늦어도) ~까지'라는 의미로 마감기한을 나타낼 때 사용됩니다. 바로 끝나는 시점에만 포커스가 맞추어져 있는 것이죠. 결국 deadline을 포함해서 그 전까지의 어느 점에서 끝나든 상관이 없어요. 그래서 보통 '~해야 한다'의 의미가 있는 have to, need to, must 같은 동사와 많이 쓰입니다.

The students must turn in their reports by Thursday.
학생들은 목요일까지 리포트를 반드시 제출해야 합니다. (* 목요일 전에 제출해도 됨)

I need to get to the airport by 9.
저 9시까지는 공항에 도착해야 해요. (* 9시 전에 공항에 도착해도 됨)

You have to finish this by next week.
다음 주까지는 이거 끝내야 해요. (* 다음 주 전에 끝내도 됨)

반면, until은 '~ 전까지 (주욱)'의 의미로, 처음부터 끝나는 시점까지 상태가 계속되는 선의 개념이라고 보면 됩니다. by가 끝에 있는 점인 마감기한(deadline)에 포커스가 맞추어져 있다면, until은 처음부터 deadline까지 쭉~ 이어진 선의 개념인 거죠. 예문으로 확인하세요.

We open until 11 p.m. 우리는 밤 11시까지 오픈합니다.
(* 밤 11시까지 오픈한 상태여야 함)

I work until 7. 나 7시까지 일해. (* 7시까지 일하는 상태여야 함)

I worked there until last year. 나 작년까지 거기서 일했어.
(* 작년까지 일한 상태여야 함)

버스 정류장에서 공항까지 얼마나 걸리는데요?

How long is the ride from the bus stop to the airport?

How long is ~?: ~은 얼마나 걸리죠?

long이 길이를 나타내는 표현이기 때문에 거리나 사이즈를 물을 때도 이 패턴을 사용할 수 있어요. 단, 여기서는 시간의 길이에만 한정해서 공부해 보도록 할게요. 사실 이 표현은 How long does it take to ~?로 대체해서 How long does it take to get to the airport from the bus stop?으로 말할 수 있지만, 대화체에서는 짧고 간략하게 말하는 경향이 있기 때문에, 앞에서 나온 표현을 유용하게 사용할 수 있어요.

How long is **the flight?** 비행 시간이 얼마나 되죠?
How long is **the class?** 수업 시간이 얼마나 되죠?
How long is **the movie?** 영화 상영 시간이 얼마나 되죠?

(응용) How long does it take to ~?: ~하는 데 얼마나 걸리죠?
이 패턴 역시 일상생활에서 정말 많이 사용합니다. 시제를 바꿔서 "~하는 데 얼마나 걸렸어?" 하면 How long did it take to ~?, 좀 더 응용해서 "~하는 데 얼마나 걸릴 거 같아?"는 How long do you think it will take to ~?처럼 말하면 돼요. 예문을 통해 정리해 보세요.

How long does it take to **prepare?**
준비하는 데 얼마나 걸려?

How long did it take to **graduate from university?**
대학 졸업하는 데 얼마나 걸렸어?

How long do you think it will take to **speak English fluently?**
영어를 유창하게 말하는 데 얼마나 걸릴 거 같아?

보통 1시간 10분 정도 걸리는데, 오전 6시는 50분 정도로 생각하시면 됩니다.

It usually takes about 1 hour and 10 mins, but it should only be about 50 mins at 6 a.m.

패턴

It takes (시간): ~가 걸리다
이 패턴은 앞에 나온 How long is ~? (How long does it take to ~?) 질문에 대한 응답 표현이에요. 그리고 이 패턴은 약간 응용해서 〈It takes (시간) for A to ...(A(사람)가 …하는 데 (시간이) ~가 걸려요)〉의 형태로 쓸수도 있어요. 이 패턴 역시 예문을 통해서 정리해 볼게요. 아래 예문들은 각각 How long does/did/will it take to/do you think it will take to ~?에 대한 응답입니다.

It takes **about an hour.** 1시간 정도 걸려.

It took **three and a half years to graduate.** 졸업하는 데 3년 반 정도 걸렸어.

It'll take **half an hour.** 30분이면 될 거야.

I think it will take **at least a year.** 적어도 1년은 걸릴 것 같은데.

표현

should be: ~일 거야(추측/예상), ~해야 할 거야(당위)

should be는 앞에서 나온 문장처럼 뭔가를 추측하거나 예상 (assumption, expectation)할 때 사용할 수도 있지만 '~해야 할 것 같아' 라는 뜻의 '당위'의 느낌으로 더 많이 쓰입니다. 예문을 통해 should be 의 의미를 익혀 보세요.

Q: Can you make it to my birthday party tomorrow?
내일 내 생일파티에 올 수 있니?

A1: I should be there.
갈 수 있을 것 같아.

(* 추측: 이 표현은 I will be there.의 의미라고 할 수 있어요. 사실 will만큼 강하지는 않지만 그래도 어느 정도의 확실성(70-80%)을 가지고 말하는 거예요.)

Q: Can you make it to my birthday party tomorrow?
내일 내 생일파티에 올 수 있니?

A2: I can't make it tomorrow. I have a job interview. I should be there.
내일 못 가. 면접이 있어서 거기 가야 할 것 같아.

(* 당위: 여기서 should be의 의미는 '인터뷰에 가야 한다'는 의미로, '~해야 할 것 같아' 정도 로 해석해요.)

다른 방법으로 갈 수 있는 건 없을까요?

Is there any other transportation I can take?

패턴

Is there any other 명사?: 다른 ~는 없을까요?

이 패턴을 응용해 가장 많이 나오는 표현은 Is there any other way to ~? 로 '~할 다른 방법은 없을까요?'의 의미입니다. 예문으로 확인하세요.

Is there any other reason?
다른 이유라도 있을까요?

Is there any other side effect?
또 다른 부작용이 있을까요?

Is there any other movie you want to watch?
네가 보고 싶은 또 다른 영화가 있어?

Is there any other way to improve English?
영어 실력을 키울 수 있는 다른 방법이 있을까요?

태워다 주실 분을 찾으시거나 공항 택시를 불러 가시는 게 여유 있겠네요.

You would need to find someone to give you a ride or call an airport taxi to save time.

표현

You would need to ~: 당신은 ~해야 할 것 같아요

여기서 You need to ~ 대신 You would need to ~를 사용한 이유는 좀 더 부드럽게 자신의 의견을 전달하기 위해서입니다. 쉽게 말해 would need to라고 하면 다른 방법(option)들이 있을 수는 있겠지만, 그래도 이게 최고의 방법이라고 부드럽게 말하는 거죠. 그냥 need to만 쓰면 좀 단정적으로 들리겠지만 의미 전달은 거의 같답니다. 단지 would의 유무에 따른 어감 차이일 뿐이죠.

표현

give ~ a ride: ~를 태워다 주다

이건 그냥 암기하세요. 물론 give you a lift라는 표현도 쓰지만 give you a ride가 더 많이 쓰인답니다.

Let me give you a ride home. 내가 너 집까지 태워다 줄게.
(= **Let me drive you home.**)

UNIT 5

결혼 문제 갈등 관련
결정적 상황과 대화

네가 결혼도 안 하고
혼자 늙어갈까 봐
걱정하시는 거지.

☐ 나　나 아침부터 엄마랑 싸워서 오늘 기분 완전 안 좋아.

☐ 너　엄마랑 왜 싸웠는데? 무슨 일 있었어?

☐ 나　나 이번 주에 선배들이랑 이미 약속 있는데, 엄마가 나한테 물어보지도 않고 마음대로 선 자리를 잡았잖아. 너무한 거 같아.

☐ 너　어머니가 너 스케줄 없다고 생각하셨나 보다.

☐ 나　나 이제 겨우 23살이야. 이 꽃다운 나이에 결혼이라니. 말도 안 돼.

☐ 너　너희 엄마는 왜 그렇게 널 빨리 보내고 싶으신 거야?

☐ 나　내가 늦둥이잖아. 그래서 하루라도 당신 젊을 때 시집 보내고 싶은 거지. 그 마음은 이해하는데, 내 주변에 결혼한 친구들 아무도 없어. 직장도 잡아야 하고 졸업 전에 세계일주도 하고 싶고. 얼마나 꿈 많은 내 인생인데.

☐ 너　저번에 너희 집 놀러 갔을 때, 너희 엄마가 너 모태솔로라고 걱정하시더라.
　　　지금까지 남자 친구 한 번도 안 사귀어 봤다고.

☐ 나　어머, 우리 엄마가 너한테 그렇게 말했어? 주책이야!

☐ 너　네가 결혼도 안 하고 혼자 늙어갈까 봐 걱정하시는 거지. 엄마랑 타협을 해 봐.
　　　그렇게 선 본 사람 중에 마음에 드는 사람 없었어? 그렇게 계속 보다 보면 마음에 드는 사람이 나타날지 누가 알아?

☐ 나　그런가?

☐ 너　그래. 서둘러서 엄마한테 소개시킬 남자 친구 찾아봐.

☐ 나　야! 그게 말처럼 쉬운 게 아니잖아. 나한테 연애는 완전 딴 세상이야.

She's just worried you'll grow old by yourself without getting married.

Me I got into a fight with my mom this morning so I'm in such a bad mood.

You Why did you guys fight? What happened?

Me I already had plans with the upperclassmen this week, but she set me up on a blind date without even asking me. I think that's too much.

You Maybe she thought you didn't have any plans.

Me I'm only 23. I don't want to get married so young. It's absurd.

You Why does your mom want to marry you off so fast?

Me My parents had me late. So she wants to see me get married when she is still young. I understand where she's coming from but none of my friends are married yet. I need to find a job and I want to travel the world before I graduate. I still have a lot of dreams.

You When I went over to your place last time, your mom was concerned because you are always alone. She said you never even had a boyfriend.

Me Oh my god. Did she say that to you? She's too much!

You She's just worried you'll grow old by yourself without getting married. Why don't you compromise with her? You weren't into anyone from the blind dates? Maybe you'll find someone you'll like, who knows?

Me You think?

You Yeah. Hurry up and find a boyfriend to introduce to your mom.

Me Hey! It's not as easy as it sounds. Relationships are a whole different world to me.

나 아침부터 엄마랑 싸워서 오늘 기분 완전 안 좋아.

I got into a fight with my mom this morning so I'm in such a bad mood.

표현

get into a fight with ~: ~와 싸우다, 다투다

꼭 주먹다짐이 아니라 말다툼도 이 표현을 사용해요.

I kind of got into a fight with **my best friend.**
내 베프랑 좀 싸웠어.

표현

this morning: 오늘 아침에

보통 '아침에'는 in the morning이라고 합니다. 이렇게 전치사 in을 쓰는데, '오늘 아침에'는 in this morning이라고 하지 않고 그냥 this morning이라고 해요. 이것은 this afternoon, this evening에도 똑같이 적용됩니다. 다음 날에 해당하는 next morning, next afternoon, next evening 역시 전치사를 사용하지 않아요. '작년, 올해, 내년'도 역시 전치사 없이 last year, this year, next year처럼 단독으로 사용합니다. 이게 쉬운 거 같은데도 은근히 틀리는 사람들이 많으니 꼭 알아두세요.

I ate breakfast on Monday but I had to skip it next morning.
나는 월요일에는 아침을 먹었지만 다음 날 아침에는 건너뛰어야 했다.

표현

I'm in a bad mood.: 나 기분이 좋지 않아.

이 표현은 I'm in such a bad mood.처럼 such를 넣어서 안 좋은 기분 상태를 더 강조해 말할 수 있어요. 그리고 '나 ~할 기분이 아니야'의 뜻으로 'I'm not in the mood for 명사/-ing' 표현도 많이 사용하니 예문을 통해 확인해 보세요.

I'm not in the mood for talking now.
나 지금 말할 기분이 아니야.

I'm not in the mood for food.
나 음식 먹을 기분이 아니야.

엄마랑 왜 싸웠는데? 무슨 일 있었어?

Why did you guys fight? What happened?

발음

동영상 **018**

did you

Why did you에서 'did you' 부분을 실제 원어민이 발음하는 걸 들어보면 스치듯 빨리 발음해서 [쥬] 정도의 소리로 들리는 경우가 많습니다. 이 것에 대해서 제가 자세하게 다양한 영상을 통해 분석해 보았습니다. QR 코드를 스캔해서 영상을 시청해 보세요. 정말 도움이 많이 될 거예요.

표현

동영상 **019**

What happened?: 무슨 일 있어?, 무슨 일 있었어?

이 표현은 상대방이 무슨 일이 있는 것처럼 보일 때 매우 많이 사용합니다. 이처럼 단독으로 사용하기도 하고, 뒤에 'to + 명사'가 붙어 '~에게, ~에' 무슨 일이나 문제가 생겼는지 물을 수도 있어요. 이때 명사는 사람 뿐만 아니라 사물도 올 수 있어요. 그리고 보통 말할 때 [h] 소리는 묻히 기 때문에 전체 문장은 [와래픈디] 정도로 발음됩니다. 여기서 [디] 발 음은 '드'가 아주 약하게 발음되는 것으로 생각해 주세요.

사실 [디] 발음은 혓바닥 끝을 치아 뒷면에 살짝 대기만 하지 거의 발음 이 들리지 않는데, 이것을 우리는 Stop Sound라고 해요. grad school(대 학원)을 예로 들어볼게요. grad에서 이 발음을 [그래드]라고 하면 안 돼 요. 이때는 2가지를 기억하면 되는데, [d]에서 소리를 딱 잡듯이 [그랫] 으로 발음하고, 우리가 기합을 내듯이 힘차게 팍 소리를 낸다고 생각하 면 Stop Sound의 원리는 파악한 거예요. what도 대표적인 Stop Sound 로 역시 같은 방법으로 ① 소리를 잡는다. ② 기합을 내듯이 힘차게 '왓' 이라고 발음하면 됩니다. 발음을 글로 이해하려니까 좀 복잡하게 느껴 지시죠? 영상을 보면서 확실히 익혀 보세요.

(시무룩해 보이는 친구에게)
What happened? 무슨 일 있어?

(얼굴이 부어 있는 동생에게)
What happened **to your face?** 얼굴이 왜 그래?

(친구들이 Jane에 대해서 이야기하고 있는데 불쑥 끼어들어서)
What happened **to Jane?** Jane한테 무슨 일 있어?

(스마트폰이 고장나 속상해하는 친구에게)
What happened **to your smartphone?** 스마트폰에 무슨 문제 있어?

나 이번 주에 선배들이랑 이미 약속 있는데, 엄마가 나한테 물어보지도 않고 마음대로 선 자리를 잡았잖아. 너무한 거 같아.

I already had plans with the upperclassmen this week, but she set me up on a blind date without even asking me. I think that's too much.

표현

블로그 020

appointment vs. plans vs. promise

친구와 약속이 있다고 할 때 appointment를 사용하는 사람들이 있는데, 자연스럽지 못한 표현이에요. appointment는 주로 병원 예약이나 변호사 상담 등 전문가와 만나는 약속에 주로 사용합니다. 우리가 보통 잡는 개인적인 약속은 plans를 써서 I have plans.처럼 말해야 해요. 하나 더 추가해서 promise는 새끼손가락 걸고 꼭꼭 약속한다는 느낌이 있어요. 그러니까 아주 중요한 약속에 사용하는 게 맞겠죠. plans를 복수로 사용하는 이유는 a plan이라고 하면 약간 특정한 plan이 돼서 매우 중요한, 정말 중요해서 그것에만 포커스를 맞추는 느낌이 있습니다. 좀 더 자세한 설명과 예문들을 통해서 공부하고 싶다면 QR코드를 스캔해 보세요.

appointment
vs. plans
vs. promise

appointment

plans

promise

upperclassman: 선배

사실, '선배'를 나타내는 표현이 영어에 딱히 없습니다. 영어권은 나이가 중요하지 않은 문화이기 때문이죠. 제가 upperclassman이라고 쓰긴 했지만 upperclassman은 원래 '(고등학교 또는 대학교의) 상급생'을 의미해요. 그래서 여기서는 friends라고 하는 게 더 자연스러울 수 있어요. 참고로, 직장에서의 '동료'는 coworker, colleague, associate 등으로 표현합니다. 직장 선후배 모두 coworker, colleague를 사용할 수 있고요. 좀 더 구체적으로 나타내고 싶다면 후배는 He joined the company after me.(그는 나보다 뒤에 입사했어.), 선배는 He joined the company before me.(그는 나보다 먼저 입사했어.)라고 설명해 주면 될 것 같아요. 자기 위의 상사는 직급에 관계없이 boss를 쓰고, '직속 상사'는 direct boss라고 합니다. 좀 더 자세한 내용을 공부하고 싶다면 QR코드를 스캔해 보세요.

set me up on a blind date: 나에게 소개팅을 주선해 주다

blind date는 blind가 '눈이 보이지 않는'의 의미여서, 서로 보지 않고 아는 사람의 소개로 만나는 소개팅 또는 선 자리 개념이라고 생각하시면 돼요.

(친구에게 멋진 여자를 소개해 달라고 부탁할 때)
Dude! Please set me up on a blind date with a hot chick!
야, 나 괜찮은 여자애랑 소개팅 좀 시켜 줘라!
(* dude: 남자들끼리 편안하게 부르는 말 / hot chick: 멋지고 섹시한 여자)

어머니가 너 스케줄 없다고 생각하셨나 보다.
Maybe she thought you didn't have any plans.

maybe: 아마, 음…

〈Unit 2〉에서 자세하게 설명했는데, 원어민들은 확신이 안 서거나 정확하지 않은 것을 말할 때 maybe를 매우 많이 써요. '아마, 음…' 정도의 느낌으로 보시면 될 거 같아요. 물론 perhaps도 사용하지만 스피킹에서는 maybe를 많이 사용합니다.

Maybe that book can help you a lot. 아마 그 책이 많은 도움이 될 거야.

Maybe you should go there. 아마 너 거기 가는 게 좋을 거야.

나 이제 겨우 23살이야. 이 꽃다운 나이에 결혼이라니. 말도 안 돼.

I'm only 23. I don't want to get married so young. It's absurd.

표현

get married: 결혼하다

'결혼하다'는 표현은 marry, get married를 사용해요. 주의해야 할 것은 뒤에 나오는 전치사 여부인데, I married her. / I got married to her. 이것만 기억해 주세요. 이렇게 간단한 문장을 입에서 바로 튀어나올 정도로 반복하면 전치사의 유무가 절대 헷갈리지 않겠지요. 참고로, I'm married.는 결혼한 상태를 말해요.

Will you marry me? 나랑 결혼해 줄래? (* 청혼할 때 가장 많이 사용하는 표현)

I don't want to get married young. 난 어린 나이에 결혼하고 싶지 않아.

표현

absurd: 바보 같은, 멍청한

비슷한 표현으로 stupid, ridiculous가 있어요.

Don't be absurd. 말도 안 되는 소리 하지 마. (어리석은 짓 좀 하지 마.)

(= Don't be stupid. / Don't be ridiculous.)

How stupid! 나 정말 바보 같아!

너희 엄마는 왜 그렇게 널 빨리 보내고 싶으신 거야?

Why does your mom want to marry you off so fast?

표현

marry ~ off: ~를 빨리 결혼시키다, 시집 보내다

They married off all their children. 그들은 자식들을 모두 결혼시켰다.

내가 늦둥이잖아.
My parents had me late.

표현

had me late: 나를 늦은 나이에 낳았다

늦둥이를 이렇게 '늦은 나이에 낳았다'로 표현합니다. 이건 이 사람들이 쓰는 고유의 표현이라서 무조건 외워야겠죠? 추가로 설명하자면 "난 외동이야."는 I'm an only child. 그리고 '첫째'는 the first child, the oldest(eldest) child, the first born이라고 하고, 둘째는 the second child, the second born 또는 (형제가 3명 이상이면) the middle child라고 해도 됩니다. 마지막으로 '막내'는 the youngest child예요.

그 마음은 이해하는데, 내 주변에 결혼한 친구들 아무도 없어.
I understand where she's coming from but none of my friends are married yet.

표현

where she's coming from

where she's coming from은 단어 그대로만 보면 어디서 왔는지 장소, 출신을 말할 수도 있지만, 문맥에 따라서 상대방이 왜 그렇게 말했는지, (보통은) 나랑은 의견이 다르지만 이해는 할 수 있다고 할 때 사용해요.

(중국어를 공부하는 친구에게) **If I were you, I would study English. But, I understand** where you're coming from.
내가 너라면 영어 공부를 할 텐데. 뭐~ 그래도 네가 왜 그러는지 알겠어.

발음

동영상 022

none of my

none of my를 잘 들어보면 of가 매우 약한 [어] 소리로 들려서 [너너마이]처럼 들립니다. 이렇게 of는 [어]나 [어v] 정도로 발음되는데요, 사실 전 개인적으로 이 소리가 모든 영어 청취에서 가장 중요하다고 생각합니다. 이 발음을 정확히 익히시려면 제가 만든 유튜브 영상을 꼭 보시기 바랍니다. 리스닝에 대박 도움이 됩니다. 자, 동영상을 클릭~!

직장도 잡아야 하고 졸업 전에 세계일주도 하고 싶고.
얼마나 꿈 많은 내 인생인데.

I need to find a job and I want to travel the world before I graduate. I still have a lot of dreams.

표현

a lot of dreams: 꿈 많은

full of dreams(꿈으로 가득 찬) 같은 표현을 사용해도 괜찮아요. 단, a lot of dreams가 좀 더 대화체라서 이 표현을 썼어요.

I'm full of dreams and ambitions. 난 꿈과 야망으로 가득 차 있어요.

저번에 너희 집 놀러 갔을 때, 너희 엄마가 너 모태솔로라고 걱정하시더라.

When I went over to your place last time, your mom was concerned because you are always alone.

표현

go over to ~: ~에 방문하다, ~ 집에 놀러 가다

Can I go over to your house? 너희 집에 놀러 가도 돼?

참고로 come over는 주로 누구한테 (집에) 놀러 오라고 할 때 사용할 수 있습니다.

Hey! Come over to my house. My parents are not here.
야! 우리 집에 놀러 와. 부모님 지금 안 계셔.

표현

always alone: 모태솔로

이 부분을 한국어로만 해석하면 forever alone이라고 하는 게 더 나을 수도 있어요. 하지만 아직 20대인 친구들이 대화하는 건데 forever alone은 좀 지나치게 과장하는 측면이 있어서 always alone을 썼습니다.

지금까지 남자 친구 한 번도 안 사귀어 봤다고.

She said you never even had a boyfriend.

표현

even: 심지어, ~조차도

You haven't even started it yet? You're so lazy.
아직 시작조차도 안 했다고? 너 너무 게으르다.

He became super popular. He even appeared on a TV show.
걔 엄청 인기가 많아졌어. 심지어 TV 프로에도 나왔다니까.

어머, 우리 엄마가 너한테 그렇게 말했어? 주책이야!

Oh my god. Did she say that to you? She's too much!

표현

too much: 너무 지나친

상대방이 나에게 쓸데없이 너무 많은 정보를 줘서 더 이상 듣고 싶지 않을 때는 That's too much. / That's too much information.이라고 해요. 요즘은 이 표현을 짧게 줄여서 TMI라고 많이 하죠. 특히 상대방이 듣기에 거북한 개인적인 이야기를 하거나, 신체 관련, 지저분한 이야기나 성적인 민망한 이야기를 할 때 TMI라고 하면서 그만하라고 말하죠. 참고로 information은 절대로 복수형으로 쓰지 않습니다.

엄마랑 타협을 해 봐.

Why don't you compromise with her?

표현

compromise with ~: ~와 타협하다

compromise는 '타협하다, 화해하다, 양보하다'의 뜻이 있습니다. 보통은 전치사 없이 compromise 단독으로 많이 쓰입니다.

(엄마가 동생이랑 싸우는 오빠에게)
You have to compromise. 네가 양보해.

(너무 힘들어서 꿈을 포기하려는 친구에게)
Don't compromise your dreams.
꿈을 포기하지 마. (= Don't give up your dreams.)

그렇게 선 본 사람 중에 마음에 드는 사람 없었어?

You weren't into anyone from the blind dates?

표현

be into ~: ~에 빠져 있다, ~을 좋아하다

A: I'm into learning a new language. **What are you into?**
나 새로운 언어를 배우는 데 폭 빠졌어. 넌 뭘 정말 좋아하니?

B: I'm really into K-pop.
난 **K-pop**에 정말 관심이 많아.

표현

평서문 형식의 의문문

〈unit 1〉에서도 살짝 다루었는데요. 이 문장처럼 평서문 형식을 그대로 유지하되 간편하게 끝부분만 올려 의문문으로 쓰기도 해요.

Are you okay? = You are okay? = You okay?
너 괜찮아?

(* be동사는 생략하기도 해요.)

그렇게 계속 보다 보면 마음에 드는 사람이 나타날지 누가 알아?

Maybe you'll find someone you'll like, who knows?

표현

Who knows?: 누가 알겠어?

이 의문문은 수사의문문(rhetorical questions)으로 몰라서 묻는 것이 아니라 평서문의 느낌을 강조하기 위해서 사용해요. 일종의 반어적 표현으로 "누가 알겠어?" 즉, '아무도 모른다'는 의미이죠. 따라서 이 문장은 '마음에 드는 사람을 만날지는 아무도 모르는 일이야.'의 의미인 것입니다. 이와 비슷한 표현으로 Who cares?가 있어요. "누가 신경이나 쓴대?" 즉, '아무도 신경 안 쓴다'의 의미입니다.

그런가?

You think?

표현
You think? = Do you think so?

우리말도 "너는 그렇게 생각하는 거야?"를 줄여서 "그런가?"라고 말하듯이, 여기서도 Do you think so?를 간단하게 You think?라고 한 거예요. 원어민들 역시 이렇게 짧게 줄여서 종종 말한답니다.

야! 그게 말처럼 쉬운 게 아니잖아.

It's not as easy as it sounds.

표현
It's not as easy as it sounds.: 생각만큼 쉬운 게 아니다.

이 표현은 It's not as easy as it seems. / It's not as easy as it looks.로도 많이 말해요. 정말 활용도가 높은 표현이니 이 중 여러분이 좋아하는 표현 하나를 골라 입에서 바로 튀어나오도록 연습하세요.

나한테 연애는 완전 딴 세상이야.

Relationships are a whole different world to me.

표현
a whole different world: 전혀 다른 세상

"전혀 다른 세상이야." / "전혀 다른 이야기야." / "완전 다른 상황이야."처럼 지금까지 우리가 알고 있던 것과 다르다는 걸 강조하면서 이야기할 때 a whole different world / a whole different story / a whole different ballgame과 같은 표현으로 종종 사용합니다.

(자율 주행차가 길에 다니는 것을 보면서)
We're living in a whole different world. 우린 전혀 다른 세상에 살고 있네.

A: Have you visited Maldives? 몰디브 가 본 적 있어?

B: Dude! It's a whole different world. 야! 거긴 완전 다른 세상이야.

(한국에서 자신이 최고인 줄 알았던 축구 선수가 유럽 팀에서 경기한 소감을 전하면서)

It's a whole different ballgame. They are much better.
완전 다른 세상이더라. 그들이 훨씬 뛰어나더라고.

UNIT 6

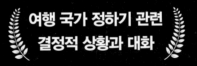

여행 국가 정하기 관련
결정적 상황과 대화

중국
상해는
어때?

□ 나 우리 이번 여름 휴가 어디 가는 게 좋을까?

□ 너 나 진짜 해외여행 가 보고 싶어.
　　 나 한 번도 못 가 봤잖아.

□ 나 헐… 진짜?

□ 너 응, 그동안 기회가 없었어.

□ 나 그래, 어느 나라로 가 보고 싶어?
　　 네가 원하는 곳으로 가자.

□ 너 난 처음이니까, 어딜 가든지 진짜 신날 것 같아!

□ 나 그럼, 일단 가까운 나라로 가자.
　　 중국 상해는 어때?

□ 너 오! 나 상해 가 보고 싶었어.
　　 아시아인데도 유럽 느낌이 나잖아, 그치?

□ 나 맞아. 특히 야경이 엄청 예쁘기로 유명해. 그렇게 멀지도 않고.
　　 부산까지 차 타고 가는 것보다도 더 가깝다니까.

□ 너 대박 완전 좋아. 너랑 함께 가니까 완전 더 신날 것 같아!

How about Shanghai in China?

Me Where **should** we **go on vacation this summer**?

You I really want to **travel abroad**.
I've never been outside the country.

Me **Wow, for real**?

You Yeah, I haven't had the **opportunity**.

Me Sure, **which** country do you want to visit?
Let's go **wherever** you want.

You It's my **first time**, so it will be really **exciting** for me wherever we go.

Me Then let's visit a nearby country first.
How about Shanghai in China?

You Yeah! **I've wanted to** visit Shanghai.
It feels like Europe even though it is in Asia, right?

Me Yes, **it's known** especially **for** its beautiful view at night and it isn't too far
away. It's **even** closer **than** driving to Busan.

You I love it. It will be **even** more exciting because you're coming with me.

우리 이번 여름 휴가 어디 가는 게 좋을까?

Where should we go on vacation this summer?

표현

should: 상대방의 의향을 물어볼 때

상대방에게 어떻게 할지 의향을 물어볼 때 want나 like도 쓰지만, 이렇게 should도 사용할 수 있어요. 위의 문장은 Where do you want to go ~? 나 Where would you like to go ~? 이렇게 써도 비슷한 의미를 전달합니다.

표현

go on vacation = go on holiday: 휴가 가다

vacation은 '방학'의 의미뿐만 아니라 '휴가(holidays)'의 의미도 있어요. 그래서 on vacation은 '휴가 중'의 뜻으로 I'll be on vacation from this Friday.(나 이번 금요일부터 휴가예요.)라고 사용할 수 있습니다. 이것을 응용해서 go on vacation도 알아볼까요? 직장인들이 휴가를 갈 때 go on vacation을 많이 써서 말해요. 그런데 왜 go를 안 쓰고 go on을 쓸까요? go on a business trip(출장을 가다), go on a school trip(수학여행을 가다), go on a picnic(소풍을 가다)처럼 특정한 장소가 아니라 이런 행위에 포커스가 맞추어졌을 때는 go on을 사용합니다. 물론 특정한 장소가 나오면 go to Japan처럼 to를 써야 하죠.

표현

this summer: 이번 여름

보통 in summer, in the summer처럼 전치사를 붙이지만 last, this, next 처럼 last summer(작년 여름) this summer(이번 여름), next summer(내년 여름) 앞에는 in을 붙이지 않습니다.

I'm going to church this Sunday.
나 이번 주 일요일에 교회 가.

나 진짜 해외여행 가 보고 싶어.

I really want to travel abroad.

표현

travel abroad 해외여행을 가다

이것 말고도 '해외여행을 가다'라는 표현에는 travel overseas, travel to a foreign country 등이 있어요. abroad는 부사라서 앞에 전치사가 나오지 않아요. 그래서 해외에 공부하러 간다 즉, '유학을 가다'라는 표현은 go abroad to study가 됩니다. 더불어 이렇게 우리말로는 앞에 전치사가 있을 것 같은데 전치사를 쓰지 않는 go home(집에 가다), go upstairs(위층에 가다), go overseas(해외로 가다), go somewhere(어딘가에 가다)도 같이 기억해 두세요.

나 한 번도 못 가 봤잖아.

I've never been outside the country.

패턴

I've never p.p.: 나 (한 번도) ~해 본 적 없어

워낙 많이 나와서 익숙한 패턴이죠. 예문으로 확인하세요.

I've never been to the States.
난 미국에 한 번도 가 본 적 없어.

I've never studied Chinese.
나 중국어 공부해 본 적 한 번도 없어.

I've never missed the class.
나 그 수업 빠진 적 한 번도 없어.

I've never heard of it.
나 그거 들어본 적 한 번도 없는데.

헐… 진짜?
Wow, for real?

표현

동영상 023

Wow: 헐…

한국어로 '헐' 같은 표현은 Wow, Oh my god, Oh my gosh, Geez, Oh my goodness! 등으로 다양하게 나타낼 수 있어요. 한국 사람들도 "진짜?", "장난 아니다.", "어?" 등의 느낌으로 사용하는 이런 감탄문은 영상을 보면서 정리하는 게 훨씬 도움이 된답니다. 제가 많이 나오는 감탄문을 1탄, 2탄에 걸쳐서 직접 정리해 봤습니다. QR코드를 스캔해 확인해 주세요.

표현

For real?: 정말?

"정말?"이라고 하면 보통 Really?를 생각하죠? 맞아요. 그렇게 쓰면 됩니다. 대화체에서 For real?이라는 표현도 종종 사용하니 같이 알아두면 좋겠지요.

A: I won first place in the competition. 나 대회에서 1등 했어.
B: For real? 정말?

응, 그동안 기회가 없었어.
Yeah, I haven't had the opportunity.

패턴

I had a chance[opportunity] to 동사원형: 나 ~할 기회가 있었어 /
I didn't have a chance[opportunity] to 동사원형:
나 ~할 기회가 없었어

I had a chance to work as an intern at Google in the States.
미국 Google에서 인턴으로 일할 기회가 있었어.

I had a chance to meet the actor.
나 그 배우를 만날 기회가 있었어.

I had a chance to talk to him in person.
나 그와 직접 이야기할 기회가 있었어.

(* talk with보다는 talk to를 더 많이 써요.)

I didn't have a chance to taste it.
난 그것을 맛볼 기회가 없었어.

I didn't have a chance to do my homework last night.
난 어젯밤에 숙제를 할 기회가 없었어.

표현

opportunity vs. chance

'기회'를 뜻하는 단어에는 opportunity와 chance가 있습니다. 사실 일상 대화에서는 opportunity보다 chance가 더 많이 쓰입니다. 주의할 것은 동사 take와 쓰일 때인데요, take an opportunity는 '(도움이 되는) 기회를 잡다'는 의미이지만, take a chance는 '(그게 위험하지만) 한번 해 보겠다'는 의미가 됩니다. 이 표현들을 통해 알 수 있듯이 opportunity는 주로 긍정적인 결과를 가지고 오고, chance는 실패할 경우 위험이 내포되어 있다는 게 차이가 있답니다. 카지노에서 블랙잭이라는 게임을 game of opportunity라고 하지 않고 game of chance라고 쓰는 이유는 실패하면 위험이 따르기 때문이죠.

take an opportunity   take a chance

그래, 어느 나라로 가보고 싶어?

Sure, which country do you want to visit?

표현

which: 어느 ~, 어떤 ~

한국어로 '어느 ~, 어떤 ~'이라고 물어볼 때 how보다는 what이나 which가 자연스러운 경우가 종종 있어요. '어떤 ~'이라고 해서 무조건 how라고 말하면 안 된다는 걸 명심하세요.

Which flavor do you want? / **What** flavor do you want?
너 어떤 맛 원해?

What do you think about this? / **What**'s your take on this?
이것에 대해 어떻게 생각해?

네가 원하는 곳으로 가자.

Let's go wherever you want.

패턴

wherever 주어 + 동사: 어디에/어디서 ~하든

패턴은 항상 예문을 통해서 기억하는 게 중요해요.

Wherever you go, I will follow you. 네가 어딜 가든, 난 따라갈 거야.

Wherever you park, you will get fined. 어디에 주차하든, 벌금을 물게 될 거야.

이 패턴은 〈No matter where 주어 + 동사〉형식으로 말하기도 해요. 그래서 앞의 두 문장은 No matter where you go / No matter where you park로 바꿀 수 있겠죠.

자! wherever와 함께 whenever(~일 때는 언제든)도 같이 알아두세요. whatever, however는 약간 차이가 있기에 여기서 다루진 않을게요.

Just call me whenever you want to talk to me.
나하고 대화하고 싶을 땐 언제든지 전화해.

Whenever you want to get some rest, feel free to tell me.
언제든 쉬고 싶으면 나한테 편안하게 말해.

(* get some rest: 쉬다 / 주의! take a break도 '쉬다'의 의미로 쓰지만 take a rest라고는 잘 안 해요. 가령, get some rest는 프로젝트 준비로 잠을 못 잔 친구에게 '한숨 푹 자'라는 의미로 쓰기도 합니다. 반면에 break는 lunch break(점심시간), break time(휴식 시간)처럼 어떤 정해진 행사나 시간 중간에 쉴 때 많이 사용해요.)

난 처음이니까, 어딜 가든지 진짜 신날 것 같아!

It's my first time, so it will be really exciting for me wherever we go.

표현

first time: 처음, 첫 번째

"난 처음이야."는 It's my first time., "난 두 번째야!"는 It's my second time. 이런 식으로 씁니다.

This is the first time meeting him in person.
이번이 처음으로 그 사람을 직접 만나는 거야.

exciting vs. interesting / fun vs. funny

exciting(신나는)은 무언가가 날 들뜨게 하고, 신나게 할 때 사용해요. 반면에 interesting(재미있는)은 궁금증을 유발할 때, 더 알고 싶을 때 많이 사용하죠. 예를 들어서, 남들이 다 미드로 스피킹 공부하라고 하는데, 저는 여러분이 좋아하고 따라 하고 싶은 유튜버 영상 중에 특히, 얼굴 부분(입 모양 포함)을 강조한 영상을 통해 공부하는 것이 더 흥미롭게 공부할 수 있다고 얘기하잖아요. 그럴 때 That's interesting.이라는 표현을 사용할 수 있죠.

fun과 funny도 학생들이 헷갈려 하는 표현인데요. fun은 여행 가는 친구에게 "즐겁게 보내!"라고 할 때 Have fun!과 같이 말할 수 있어요. 반면에 funny는 He is so funny.(개 정말 재미있어.)처럼 다른 사람을 웃기게 하는 사람이나 재미있어서 웃음이 나오는 것을 말합니다. 이처럼 '즐거운'이라는 표현이 fun이고, 날 웃게 하는 사람 또는 그런 일에는 funny를 씁니다. QR코드를 찍어서 사진과 함께 interesting, exciting, fun, funny의 차이점을 공부해 보시면 더욱 확실히 이해가 되실 거예요.

그럼, 일단 가까운 나라로 가자. 중국 상해는 어때?

Then let's visit a nearby country first. How about Shanghai in China?

상대방의 의견을 묻는 다양한 표현들

'~은 어때?'처럼 상대방의 의견을 물을 때는 어떤 표현을 쓸까요? How about ~?도 사용하지만 원어민들은 다양한 방식으로 말해요. 원어민들이 많이 쓰는 표현들을 모아 봤으니 같이 기억해 두세요. 먼저 아래 표현들을 몇 번 큰소리로 읽어 보시고, 가장 자신에게 편안한 표현을 몇 개 골라 입에서 바로 나올 수 있게 연습하세요.

Wanna go **to Shanghai in China?** (* 가장 편안한 대화체)

What about **Shanghai in China?**

What do you think about **Shanghai in China?**

What do you say we go **to Shanghai in China?**

Would you like to go **to Shanghai in China?**

오! 나 상해 가보고 싶었어. 아시아인데도 유럽 느낌이 나잖아, 그치?

Yeah! I've wanted to visit Shanghai.
It feels like Europe even though it is in Asia, right?

패턴

I've wanted to 동사원형: 난 ~하고 싶었어

〈I wanted to 동사원형(난 ~하고 싶었어)〉은 과거에 원했다는 의미가 되죠. 반면에 여기서는 I've wanted to ~를 사용했는데, I've wanted to는 예전부터 지금까지 원하고 있다는 말입니다. 그래서 보통 강조해서 I've always wanted to ~로 "나 항상 원해 왔어"라고 자주 쓰이죠.

I wanted to **make an album that people love so much.**
난 사람들이 정말 좋아하는 앨범을 만들고 싶었어요.

I wanted to **make my parents happy.**
난 부모님을 행복하게 해 드리고 싶었어요.

I really wanted to **pay you back.**
난 정말 너에게 빚을 갚고 싶었단 말이야.

(* 주의: pay back은 '돈을 갚다'라는 의미 외에 '복수하다'라는 뜻도 있으니 문맥을 잘 확인해야 해요.)

I've always wanted to **study abroad.** 난 항상 해외에서 공부하고 싶었어.

I've always wanted to **be rich.** 난 항상 부자가 되고 싶었어

패턴

**I feel 형용사 / I feel like 명사 / It feels like 주어 + 동사:
~한 기분/느낌이 들어**

'~이다'라고 직접적으로 말하는 게 아니라, '~한 느낌이야, 기분이 ~해'라고 해서 내가 느끼는 감정을 약간 간접적으로 표현하는 뉘앙스의 패턴이에요. 예문을 통해 정확한 의미를 익혀 보세요.

I feel **relieved.** 안심이 돼.

I feel **guilty.** 죄책감이 들어.

I feel like **watching a movie.** 나 영화 보고 싶은 기분인데.

I feel like **shit.** 나 기분이 정말 엿 같아.

(* shit은 여기서 '엿 같은, 진절머리 나는'의 의미로 쓰였어요. 속어이기 때문에 편안한 사이에서만 쓰세요.)

It feels like **you're mad at me.** 너 나한테 화난 거 같은데.

(* mad는 '미친'의 뜻도 있지만 'be mad at ~: ~에 화나다'로 매우 많이 사용해요.)

맞아, 특히 야경이 엄청 예쁘기로 유명해. 그렇게 멀지도 않고.

Yes, it's known especially for its beautiful view at night and it isn't far away.

It is known for ~: ~로 유명하다, ~로 잘 알려져 있다
(= It is famous for ~)

South Korea is known for **K-pop.**
한국은 K-pop으로 잘 알려져 있다.

BTS is known for **its amazing performance and choreography.**
BTS는 대단한 공연과 안무로 유명해.

참고로 be known as는 '~로 알려져 있다'로 이때 as 뒤에는 주어와 동격이 되는 어구가 나옵니다. 예를 들면, BTS fan is known as their charity work. (BTS 팬들은 자선 사업하는 것으로 유명해요.)에서 their charity work 는 바로 BTS 팬들의 업적, 성과가 되는 것이죠.

부산까지 차 타고 가는 것보다도 더 가깝다니까.

It's even closer than driving to Busan.

even 비교급 **than** ~: (심지어) ~보다 더 …한
비교급 앞에 even을 넣으면 비교급의 의미를 더 강조하는 용법이 되어 '~보다도 심지어는'의 의미로 쓰입니다.

The test was even harder than **I thought.**
시험이 내가 생각했던 것보다도 더 어려웠어.

You're even dumber than **I am.**
넌 나보다도 더 바보구나.

대박 완전 좋아. 너랑 함께 가니까 완전 더 신날 것 같아!

I love it. It will be even more exciting because you're coming with me.

표현

비교급 강조 표현

이 문장에서 even more exciting이라고 했는데요. 이 표현은 내가 그냥 혼자 가도 exciting하지만 네가 함께 가니 정말 더더욱 exciting하다는 걸 강조한 거예요. 여러분은 비교급을 강조하는 표현들(much, a lot, way, far, even, still 등)을 학교에서 배웠을 겁니다. 사실 이것들이 모두 비슷한 느낌을 가지지는 않아요. 비교급 강조 표현들이 어떻게 다른지 한번 정리해 봅시다.

먼저 much, a lot, way, far를 비교급 앞에 사용하면 비교했을 때 절대적으로 확실히 큰 차이가 난다는 느낌이 있어요.

I'm much smarter than you. / I'm a lot smarter than you. / I'm way smarter than you. 난 너보다 훨씬 더 똑똑해.

이번에는 even을 사용해 볼까요. I'm even smarter than you.는 '이미 you(상대방)가 똑똑하긴 하지만, 그럼에도 불구하고 난 너보다 더 똑똑해.' 정도의 느낌으로, 자신이 더 똑똑하다는 걸 강조해요.

이번에는 still을 사용해 보죠. I'm still smarter than you.는 'you(상대방)도 열심히 공부를 해 와서 똑똑하지만, 아직도 나에겐 역부족이다' 즉, 내가 지금도 여전히 더 똑똑하다는 느낌을 전달하죠.

자, 비교급을 강조하는 표현들이 각각 어떻게 다른지 느낌이 오나요? 영어는 무조건 암기하기보다는 이렇게 상황에서 느낌을 아는 게 정말 중요합니다.

UNIT 7

외국인 교류 관련 결정적 상황과 대화

그 친구가 한국 사람들하고 가까워지고 싶은데 어떻게 할지 모르겠다고 하더라고.

☐ 나 세계가 우리 한국에 대해 점점 더 많이 배우게 되면서 많은 외국인들이 여기에 공부하거나 일하러 오는 거 같아.

☐ 너 맞아. 내가 실은 미국인 친구 Ben이랑 얘기했는데, 그 친구가 한국 사람들하고 가까워지고 싶은데 어떻게 할지 모르겠다고 하더라고.

☐ 나 참 이상하지. 한국 사람들 대부분이 외국인 친구를 사귀고 싶어 하는데 말이야.

☐ 너 가장 큰 이유가 한국어 실력이 부족해서 한국인에게 말 거는 게 겁난다고 하더라고.

☐ 나 있잖아, 영어 꽤 잘하는 한국 친구들을 Ben 같은 외국인이랑 연결시켜 주면 문제가 해결되지 않을까?

☐ 너 있잖아. 우리가 그런 모임을 한번 조직해 보는 건 어때?

☐ 나 오! 좋은 생각!

He was having trouble making Korean friends.

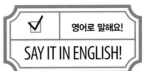

Me It seems that as the world has come to learn more about Korea, many foreigners are coming here for studying or working.

You That's true. Actually I was talking to my American friend, Ben, and he was having trouble making Korean friends.

Me That's pretty strange, most Koreans want to make international friends.

You He told me his biggest problem is that he's not great at speaking Korean.

Me You know, we could probably solve that problem by connecting expats to Koreans who know English pretty well.

You You know what? Yeah, let's organize a community.

Me Great idea!

세계가 우리 한국에 대해 점점 더 많이 배우게 되면서 많은 외국인들이 여기에 공부
하거나 일하러 오는 거 같아.

It seems that as the world has come to learn more about Korea, many foreigners are coming here for studying or working.

패턴

It seems (like) (that) 주어 + 동사 / It seems 형용사 /
It seems like 명사: ~인 것 같아

틀릴 수도 있지만 보고, 듣고, 읽고, 경험한 내용을 판단해서 자신의 느
낌이나 생각을 말할 때 이 패턴을 종종 사용합니다. 참고로 뒤에 '주어 +
동사'가 나오게 되면 It seems (that)으로 사용하는 게 더 문법적으로 맞
지만, 실제 대화에서는 〈It seems like 주어 + 동사〉의 형식으로도 많이
사용하니 알아두세요.

Erin seems trustworthy. Erin은 믿을 수 있는 거 같아.

(꿈의 직장을 잡고 나서) It seems like a dream. 꿈만 같아.

It seems like a reasonable request. 합리적인 요구인 거 같은데.

It seems like you're catching a cold. 너 감기 기운이 있는 거 같다.

It seems that Korea's future economy is bright.
한국 경제의 미래가 밝은 것 같아.

표현

as: ~하면서

as는 정말 다양한 의미로 쓰이는데, 여기서는 '~하면서'라는 뜻으로 쓰
였어요. 이때는 while과 비슷한 표현이에요. 하지만 as는 '~ 때문에'라
는 이유로도 많이 사용되니 문맥을 보면서 파악하세요.

As I'm getting older, I'm starting to realize the importance of saving. 나이가 들면서, 저축의 중요성을 깨닫고 있어. (* as: ~하면서)

As you have more experiences, you should take this job. 저보다 경험이 많으시니, 이 일을 맡는 게 맞다고 생각해요. (* as: ~ 때문에, ~이니까)

발음

foreigner

foreigner는 fore-를 강하고 길게 발음하고 끝부분을 약하게 내려 주면서 발음해 주세요. 특히 한국인들이 잘 모르고, 어려워하는 모음 발음 기호를 영상으로 총 정리했습니다.

동영상 **025**

맞아. 내가 실은 미국인 친구 Ben이랑 얘기했는데, 그 친구가 한국 사람들하고 가까워지고 싶은데 어떻게 할지 모르겠다고 하더라고.

That's true. Actually I was talking to my American friend, Ben, and he was having trouble making Korean friends.

패턴

have trouble -ing: ~하는 게 힘들다 (= have a hard time -ing)

I have trouble controlling my anger. 난 화를 다스리는 게 힘들어.

I have trouble dealing with stress. 스트레스를 어떻게 해소해야 할지 힘들어.

I'm having trouble sleeping these days. 나는 요즘 잠을 못 자.

I'm having trouble understanding my mom.
엄마를 이해하는 게 참 힘들어요.

표현

actually: 사실은 말야

여기서 actually는 앞서 얘기한 내용에 자신의 의견을 낼 때 '사실은 말야' 정도의 의미로 보면 됩니다. actually는 한국인들이 가장 흔하게 쓰는 표현이자 잘못 쓰는 표현 중 하나예요. 보통 actually를 filler words(대화 중간에 공간을 채우는 용도로 짧게 의미 없이 사용하는 말, 아~ 그게, 그게 말이죠, 음… 내 말은…)로 알고 있는데요. 맞아요. 그렇게도 사용할 수 있지만, 실제로는 '사실은… 그게 있잖아요' 정도의 의미로, 상대방이 미처 예상하지 못한 말을 꺼낼 때 가장 많이 사용합니다. 이 부분에 대해서 제가 직접 미국 친구인 Peter와 영상을 제작하였으니 꼭 QR코드를 스캔해서 정리해 보세요.

동영상 **026**

(한국어를 정말 잘하는 미국인 Kevin과 대화를 하면서)

Me: Wow! How long have you lived here in Korea? Your Korean is amazing. Really.
와, 한국에서 얼마나 사신 거예요? 한국어 실력이 정말 대단한데요.

Kevin: Thanks. Actually, I just got here yesterday.
고마워요. 실은 어제 막 도착했어요.

(하루 종일 아무것도 못 먹은 상황)

Me: I'm so hungry. We should eat something. What do you want to get?
너무 배고파. 우리 뭐 좀 먹자. 뭐 먹을래?

You: I'm actually not that hungry. What's wrong with me?
사실 나 그렇게 배 안 고픈데. 나 왜 그러지? (배 안 고픈 게 이해가 안 가는 상황)

블로그 027

그러면 이렇게 시간을 벌기 위해 쓰는 filler words에는 어떤 것들이 있을까요? 가장 많이 나오는 표현으로 Well... Let me see... Basically... 등이 있는데요. QR코드를 스캔해서 원어민들이 많이 사용하는 filler words에 대해 정리한 내용을 확인해 보세요.

표현

make friends (with): 친구를 사귀다, (~와) 친해지다
이 표현은 항상 복수(friends)로 사용해야 합니다. 나 혼자서 친구를 사귈 수 있는 게 아니라 최소한 한 명이 더 있어야 하잖아요. 그래서 친구를 사귄다고 할 때 반드시 복수형인 friends를 쓰는 겁니다. 비슷한 맥락으로 한국인들이 실수하는 것 중에 '악수하다'의 shake hands (with)가 있어요. 두 사람이 손을 마주잡아야 악수가 되잖아요. 그래서 hands 역시 복수로 씁니다.

참 이상하지. 한국 사람들 대부분이 외국인 친구를 사귀고 싶어 하는데 말이야.

That's pretty strange, most Koreans want to make international friends.

표현

pretty: 꽤, 어느 정도

pretty는 이 문장에서 '꽤'라는 의미로 정도를 나타내는 표현이에요. 정도를 강조할 때 가장 많이 쓰이는 표현들로 really, very, super, so 등이 있는데요. 여기서는 pretty와 비슷한 느낌의 quite, fairly, rather를 정리해 볼게요. 단, 주의할 점은 제가 설명해 드리는 것이 절대적인 개념은 아니라는 겁니다. 왜냐면 말하는 사람의 목소리 톤과 상황이 더 중요하거든요. 일단 정도의 크기는 pretty, quite 〉 rather 〉 fairly라고 생각하시면 될 것 같아요. 다시 한 번 강조하지만 이 구분은 절대적으로 목소리 톤이 더 중요하답니다!

Her English is pretty good.
그녀의 영어 실력은 꽤 훌륭해.

She looked quite tired yesterday after a long day of work.
그녀는 긴 하루 일과를 마치고 꽤 피곤해 보였어.

He speaks Korean fairly well, considering he just started learning Korean.
한국어 배운 지 얼마 안 된 것을 감안하면, 그가 한국어를 상당히 잘하는 거야.

Today my girlfriend seems rather unhappy.
오늘 내 여친이 약간 우울해 보여.

표현

international friend: 외국인 친구

한국 사람들은 '외국인 친구'라고 할 때 foreign friend, 아니면 foreigner라고 하는데요, international friend라고 하는 게 더 낫습니다. 하지만 그 사람의 출신지를 말해 주는 게 더 좋아요. 예를 들어, I have American friends. / I have Chinese friends.처럼 말이지요. 아니면 이렇게 출신지를 from ~으로 해서 다음과 같이 말할 수 있죠. I have a lot of friends from the States. / I have several friends from China. 또는 특정한 국가가 아니라 다양한 곳에서 온 친구들이 있다면 I have friends from all over the world.처럼 말하는 게 원어민들 귀에 좀 더 자연스러워요.

가장 큰 이유가 한국어 실력이 부족해서 한국인에게 말 거는 게 겁난다고 하더라고.

He told me his biggest problem is that he's not great at speaking Korean.

표현

정확한 문장보다는 쉽고 간결한 문장으로 말하세요.

사실 우리말을 직역해서 Ben told me that the biggest reason is that he's afraid to talk to Korean due to his lack of Korean.과 같이 말을 해도 됩니다. 하지만 문장이 너무 장황해지기 때문에 말할 때는 최대한 간략하게 표현하는 게 좋아요. 굳이 대화할 때 시시콜콜하게 다 말할 필요는 없다는 거죠. 단, 앞에 쓴 것처럼 길게 얘기하면 원어민 필이 약간 감소될 수는 있지만, 핵심 의사전달에는 문제가 없답니다. 참고로 due to는 주로 formal한 상황에서 쓰인다는 것, 알아두세요.

표현

be great at ~: ~을 정말 잘하다

이 표현은 우리가 잘 알고 있는 be good at ~의 강조 표현이라고 보면 됩니다. 따라서 반대 표현은 I'm not good at ~, I'm bad at ~을 쓰면 되겠지요. 그리고 하나 더! 원어민과 대화할 때 I'm poor at English. / My English is poor.는 좀 어색하게 들립니다. 이럴 때는 I don't speak English well. 또는 My English isn't very good.으로 말하거나, 좀 편안한 관계라면 My English sucks.라고 하시면 됩니다.

있잖아, 영어 꽤 잘하는 한국 친구들을 Ben 같은 외국인이랑
연결시켜 주면 문제가 해결되지 않을까?

You know, we could probably solve that problem by connecting expats to Koreans who know English pretty well.

표현

동영상 **028**

You know: 있잖아, 그거 알지?

여기서 You know는 사실 없어도 의사전달에 전혀 문제가 되지 않는 filler words입니다. 자! 이번에는 You know와 함께 자주 사용되는 filler words를 영상으로 정리해 볼까요? 제가 선택한 filler words 사총사 well, kinda, you know, I mean을 정리해 보세요! filler words는 글로 길게 설명하는 것보다 이렇게 실감나는 영상을 통해 보면 훨씬 쉽게 이해할 수 있습니다. 제가 보라고 하는 것은 꼭 보시길 당부 드립니다.

표현

could probably: 아마도 ~할 수 있을 거야

여기서 could는 추측을 나타내는 '~일지도 몰라'의 의미로 사용되었습니다. may, might가 반반 정도의 추측이라면 could는 그것보다는 조금 강한 추측을 나타내지요. could를 강조해서 could possibly, could probably처럼 사용하기도 하지만 possibly, probably를 빼도 의미 전달에는 전혀 문제가 없습니다.

If you need any help, I could probably help you out.
네가 도움이 필요하면 내가 도와줄 수 있을지도 몰라.

표현

expat: 외국인

expat는 expatriate를 줄인 표현으로, '국외 거주자'라는 의미예요. 쉽게 말하면 우리나라에 거주하고 있는 외국인이 바로 expat인 것이죠.

있잖아. 우리가 그런 모임을 한번 조직해 보는 건 어때?

You know what?
Yeah, let's organize a community.

표현

You know what?: 그거 알아?, 있잖아.

이 표현은 상대방에게 뭔가 중요하고, 관심을 끌 만한 얘기를 꺼내기 전에 '그거 알아?, 있잖아.' 정도의 의미로 사용합니다.

(내 꿈의 직업을 잡고 나서 엄마에게)

Mom! You know what? I just got a dream job.
엄마! 있잖아요. 저 드디어 꿈의 직장을 잡았어요.

(상대방이 멋진 아이디어를 말했을 때)

You know what? That's actually a great idea.
그거 알아요? 정말 멋진 아이디어예요.

UNIT 8

 영화 장르 관련
결정적 상황과 대화

개는
확실히
영화광이네.

- ☐ 나　너 영화 얼마나 자주 보니?
- ☐ 너　매주 금요일마다 봐.
- ☐ 나　그렇게나 자주 봐?
- ☐ 너　믿거나 말거나인데, 내 친구 중 하나는 매일 일 끝나면 영화관에 가.
- ☐ 나　걔는 확실히 영화광이네.
- ☐ 너　너 어떤 장르 영화 좋아해?
- ☐ 나　난 공포 영화 좋아해. 하지만 액션 영화도 많이 봐.
- ☐ 너　나 내일 영화 보러 가려고 하는데, 같이 갈래?
- ☐ 나　좋아! 네가 쏘는 거지?
- ☐ 너　야, 왜 그래! 나 거의 거지야. 너도 알잖아.

He's definitely a movie buff.

Me How often do you watch movies?

You I watch movies every Friday.

Me That often?

You Believe it or not, I have a friend who goes to the movie theater every day after work.

Me He's definitely a movie buff.

You What kind of movies do you like?

Me I like horror movies. But, I also watch a lot of action movies.

You I'm going to watch a movie tomorrow.
Do you want to come with me?

Me Sounds great! It's on you, right?

You Come on! I'm almost broke. You know that.

너 영화 얼마나 자주 보니?

How often do you watch movies?

패턴

How often do you ~?: 얼마나 자주 ~하니?

구체적인 기간을 정해서 '하루에', '일주일에' 얼마나 자주 하는지 물어
보려면 문장 끝부분에 a day, per day, a week, per week 식으로 넣으면
됩니다.

How often do you **work out?** 운동 얼마나 자주 해?

How often do you **take a shower?** 얼마나 자주 샤워해?

How often do you **wash your car?** 얼마나 자주 세차해?

How often do you **buy clothes?** 옷 얼마나 자주 사?

How often do you **use Instagram a day?** 하루에 얼마나 자주 인스타그램 해?

표현

watch a movie: 영화를 보다

보통 영화관 가서 영화를 볼 때는 go see
a movie 또는 go to the movies라고 하고
요, 그냥 '영화를 보다'라고 하면 watch a
movie 또는 watch movies를 씁니다. 이런
차이가 분명히 있지만, 제 개인적인 생각

은 군이 구별하지 않고 사용해도 전혀 지장이 없다는 거예요. 사실 영
화관에서 가서 영화 볼 때 watch a movie라고 해서 틀린 것도 아니에요.
원어민 중에는 (지역에 따라서) 극장에 가서 영화를 볼 때도 watch를 쓰
는 경우도 꽤 있답니다.

매주 금요일마다 봐.

I watch movies every Friday.

표현

every + 요일: 매주 ~요일에/~마다

'매주 ~요일'은 'every + 요일'이라고 표현합니다. 그래서 '매주 월요일'
은 every Monday, '매주 일요일'은 every Sunday, 이렇게 말이죠. 하나 더,
'2주마다 일요일에'는 every other Sunday라고 한답니다.

그렇게나 자주 봐?
That often?

표현

That often?: 그렇게나 자주?

원어민들은 복잡하게 말하는 걸 별로 좋아하지 않아요. 그래서 That often do you watch movies?라고 할 것을 그냥 간단하게 That often?이라고 하는 거죠. 여기서 that은 강조 표현이에요. 예를 들어 "그렇게나 비싸?" 하면 That expensive?, "그렇게나 바빠?"는 That busy?라고 할 수 있죠. 쉽지 않을 거라고 생각했는데 막상 해 보니 너무 쉽다면 That easy?(이렇게 쉬웠어?)라고 말할 수 있습니다. 무궁무진하게 응용 가능합니다. 그리고 often은 아마 [t]를 발음하지 않는다고 배운 분들이 많을 거예요. 하지만 [t]를 발음하는 원어민도 꽤 있거든요. 둘 다 맞는 발음이니 여러분도 편한 것으로 발음하시면 됩니다.

믿거나 말거나인데, 내 친구 중 하나는 매일 일 끝나면 영화관에 가.
Believe it or not, I have a friend who goes to the movie theater every day after work.

표현

Believe it or not: 믿기 힘들겠지만, 믿거나 말거나

이 표현은 그냥 암기해 주세요. 말 그대로 상식적으로 이해 안 되는 일을 언급할 때 원어민들은 이렇게 말하고 시작합니다.

Believe it or not, I was able to speak English fluently in a year.
믿기 힘들겠지만, 내가 1년 만에 영어를 유창하게 말할 수 있게 됐다니까.

Believe it or not, I majored in English in college.
믿기 힘들겠지만, 나 대학에서 영어 전공했어.

개는 확실히 영화광이네.

He's definitely a movie buff.

definitely: 확실히, 분명히

definitely는 뭔가를 강조할 때 굉장히 많이 사용합니다. 이 외에 강조할 때 유용하게 사용하는 표현들로 absolutely(전적으로, 틀림없이), totally(완전히, 전적으로)가 있어요. 이 표현들은 글보다는 영상을 통해 어떻게 사용되는지 보시면 더욱더 확실히 이해될 거예요. QR코드를 스캔해서 영상을 확인해 보세요.

표현

movie buff: 영화광

'영화광'을 나타내는 다른 표현들로 movie lover, movie freak, movie enthusiast, movie addict 등이 있어요. 하지만 movie buff가 사용빈도가 가장 높습니다. 참고로 moviegoer는 영화광까지는 아니고 그냥 '영화를 자주 보는 사람'이라고 생각하시면 됩니다.

너 어떤 장르 영화 좋아해?

What kind of movies do you like?

패턴

What kind of ~?: 어떤 (종류의) ~?

What kind 대신, What type, What sort, What genre를 써도 괜찮습니다.

<u>What kind of</u> **business are you doing?** 어떤 (종류의) 사업하세요?

<u>What kind of</u> **car do you drive?** 어떤 (종류의) 차 모세요?

<u>What kind of</u> **music do you make?** 어떤 (종류의) 음악을 만드세요?

<u>What kind of</u> **person do you like?** 어떤 (종류의) 사람을 좋아하세요?

한편 What kind of ~?는 '도대체 ~ 뭐야?'의 의미로도 많이 사용하니 주의하세요.

<u>What kind of</u> **person are you?** 넌 도대체 어떻게 돼먹은 인간이냐?

<u>What kind of</u> **sick school is this?** 도대체 어떻게 돼먹은 학교가 이래?

(* 여기서 sick은 annoying(짜증나게 하는, 화나게 하는)의 의미예요.)

나 내일 영화 보러 가려고 하는데, 같이 갈래?

I'm going to watch a movie tomorrow. Do you want to come with me?

패턴

Do you want to 동사원형 ~?: 너 ~할래?

〈Unit1〉에서도 나왔고 워낙 많이 나오는 패턴이죠. 참고로 Do나 Do you 는 실제 speaking할 때 생략해서 실제로는 You wanna ~?나 Wanna ~? 처럼 쓰는 경우가 많아요. 따라서 이 표현은 간단하게 You wanna come with me? 혹은 Wanna come?으로만 써도 전혀 문제가 없어요. 또 Do you want to join me?라고 해도 같은 표현이에요. 단 join 다음에는 전치 사 없이 바로 명사가 나오니 주의하세요.

<u>Do you want to</u> **have dinner?** 저녁 식사 같이 할까?

<u>You wanna</u> **get some rest?** 좀 쉴까?

<u>You wanna</u> **go there together?** 거기 같이 가 볼까?

<u>You wanna</u> **hang out?** 같이 놀래?
(* 보통 어린애들이 놀 때는 play를 사용하지만, 커피 마시고 영화 보고 성인이 놀 때는 hang out이 어울려요.)

<u>You wanna</u> **know why?** 너 왜 그런지 알고 싶어?

표현

come with me: 나와 가다

우리나라 사람들은 come은 무조건 오다, go는 가다로 그냥 입력을 해 놓는 거 같아요. 그래서 '나랑 같이 가다'라고 할 때 go with me라고 표 현합니다. come은요, 듣는 사람을 기준으로 가까워지거나 함께 어딘가 로 갈 때 씁니다. go는 듣는 사람에게서 멀어져 갈 때 쓰는 거고요. 그 래서 엄마가 밥 다 됐다고 밥 먹으러 오라고 하면 "갈게요."라고 말하잖 아요. 이때는 듣는 엄마 쪽에 가까이 가는 거니까 I'm coming.이라고 해 야 하는 거예요. 또 중국집에 전화를 걸어 언제 오냐고 물으면 아저씨가 "배달원이 가고 있어요."라고 말하잖아요. 이때도 역시 듣는 나한테 오 는 것이므로 He's coming.이라고 말하는 겁니다. 그럼 go는 언제 쓸까 요? 친구 집에서 친구랑 놀다가 집에 가려고 일어나면서 "나 이제 집에 갈게."라고 말하잖아요. 집에 가는 건 듣는 친구에게서 멀어져 가는 거 니까 I'm going home now.라고 말해야겠죠. 자, 이제 정리가 좀 되었나 요? 이번 기회에 확실히 이해하고 넘어가세요.

좋아! 네가 쏘는 거지?

Sounds great! It's on you, right?

표현

It's on me.: 내가 낼게.

"내가 낼게", "내가 쏠게"는 이 표현 외에 I got this. / Let me get this one. / (It's) my treat. 등으로 종종 쓰입니다. 반대로 "각자 내자."는 Let's pay separately. / Let's split the bill. / Let's go Dutch.로 말할 수 있

어요. 식당에서 식사를 끝내고 웨이터에게 각자 계산하겠다고 할 때는 간단하게 Separate checks, please.라고 하면 거기에 맞게 계산서를 가져 옵니다. 그리고 내가 돈 내려고 하는데, 상대방이 낸다고 하면, 보통 "아 냐! 왜 그래! 내가 낼게." 이렇게 말하잖아요. 영어로 No, I insist!라고 하 면 아주 딱입니다.

A: I got this. 내가 낼게.
B: You don't have to do that. 그러지 마!
A: No, I insist! 아냐, 내가 낸다니까!

야, 왜 그래! 나 거의 거지야. 너도 알잖아.

Come on! I'm almost broke. You know that.

표현

I'm broke.: 나 돈 없어. 빈털터리야.

돈이 없다고 할 때 I don't have money.라 고 해도 돼요. 하지만, I'm broke.라고도 많 이 표현합니다. 이 문장을 더욱 강조할 때 는 I'm flat broke. 또는 I'm totally broke. / I'm completely broke.라는 표현을 주로 사용

하죠. 참고로, I don't have any money on me.라고 하면 지금 당장 수중 에 돈이 없다는 말로 조금 다른 표현이니 사용할 때 주의하세요.

UNIT 9

 유기견 봉사 관련
결정적 상황과 대화

봉사가 말이 쉽지 행동으로 옮기기 쉽지 않은데.

봉사가 말이 쉽지 행동으로 옮기기 쉽지 않은데.

Volunteering is easier said than done.

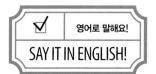

Me Do you want to go for a dog walk this week?

You Dog walk? Did you get a dog?

Me It's not mine. I'm walking the dogs from the animal shelter. I'm a dog walk volunteer.

You Dog walk volunteer? What is that?

Me You know there are so many dogs at the shelter. So they have volunteers to take the dogs for a walk. I've been doing it for a year.

You You are so great. Volunteering is easier said than done.

Me The happiness I get from the dogs? The feeling of reward? I don't know, I think I benefit more from it.

You What do you do as a dog walk volunteer?

Me All you have to do is walk the dogs for 1-2 hours around the park and take them back to the shelter.

You It's easier than I thought.

Me Yeah, it's not hard at all. There are more dogs in the shelter than you think. Since there are not enough staff to walk every dog, they are really desperate for volunteers.

You I would really like to start volunteering for dog walks.

Me You should go with me this week. The dogs lead the way once you are outside. They are so smart, friendly, and cute. It's more like a therapy than volunteering.

우리 이번 주에 같이 강아지 산책 갈래?

Do you want to go for a dog walk this week?

표현

go for a walk: 산책하다

여기서는 walk를 dog walk로 바꾼 거예요. 참고로 '조깅하다'는 go for a run / go running / go jogging으로 쓸 수 있어요. walk는 의외로 뜻과 활용이 다양한 단어예요. '산책, 산책하다' 외에 '(강아지 등을) 산책시키다'의 뜻도 있고요, '바래다주다'의 뜻도 있습니다. 예문으로 확인해 보세요.

Hey! You want to go for a walk? 야! 산책 갈래?

I always walk the dog **before I go to bed.**
난 항상 자기 전에 우리 강아지 산책을 시켜.

(* walk the dog: 개를 산책시키다)

Let me walk **you out. / I'll** walk **you out.** 내가 문밖까지 배웅할게.

내 강아지 아니고, 동물 보호소에서 유기견 산책시켜 주는 일이야.
강아지 산책 봉사자지.

It's not mine. I'm walking the dogs from the animal shelter. I'm a dog walk volunteer.

표현

shelter: 보호소

shelter는 '쉼터'나 학대받는 동물들의 '보호소'의 의미가 있습니다. 참고로 의식주를 영어로 food, clothing, and shelter라고 표현하는데요. 이때의 shelter는 '주거지'를 말해요.

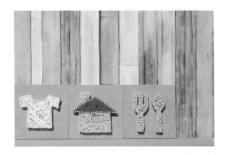

보호소에 유기견들이 정말 많잖아.

You know there are so many dogs at the shelter.

표현

동영상 030

You know: 있잖아

여기서 You know는 〈Unit 7〉에서 설명한 것처럼 '있잖아, 그게 말이야' 정도의 느낌을 담은 filler words입니다. 이전 단원에서 동영상을 보시지 않았다면 QR코드를 스캔해서 꼭 보시기 바랍니다.

그래서 그 보호소에서 강아지 산책 봉사하는 사람들이 있어.

So they have volunteers to take the dogs for a walk.

표현

take ~ for a walk: ~를 산책에 데리고 나가다

이때의 for a walk는 '산책을 시키려고'의 의미가 되죠. 이 for a walk 부분을 응용해서 다음과 같이 표현할 수 있습니다.

I'm gonna take you out for dinner. (바깥에 나가서) 내가 저녁 사 줄게.

Dad! Please take me out for ice cream. 아빠! 나가서 아이스크림 사 주세요.

난 1년 전부터 하고 있지.

I've been doing it for a year.

문법

블로그 031

I've been -ing: 난 ~을 해오고 있어

현재완료진행 시제는 '과거부터 시작해서 지금도 계속 하고 있다'는 의미를 전달합니다. 간단한 상황을 통해서 정리해 볼게요.

(5년 전부터 지금까지 꾸준히 해 오고 있을 때)

I've been working out for the past 5 years.
난 지난 5년 동안 꾸준히 운동해 왔어.

(1년 전에 여친과 헤어지고서 지금도 계속 외로울 때)

I've been feeling so alone. 나 너무 외로웠어.

(집 나간 강아지 반디를 지금도 계속 기다리고 있을 때)

I've been waiting for 반디. 난 반디를 기다리고 있어.

현재완료와 현재완료진행 시제에 대해서 좀 더 알고 싶다면 QR코드를 클릭해서 더 자세한 설명과 다양한 예문들을 꼭 확인하세요.

봉사가 말이 쉽지 행동으로 옮기기 쉽지 않은데.

Volunteering is easier said than done.

easier said than done: 말이야 쉽지!

서양 속담으로 '행동보다 말이 쉽다.'라는 뜻이죠. 비슷한 표현으로 harder than you think(생각하는 것보다 더 어려워), not easy as you think(생각하는 것처럼 쉬운 일이 아니야)가 있어요. 이런 표현은 암기해 놓았다가 시의적절하게 활용해 보세요!

강아지들이 나한테 주는 즐거움? 보람?
아무튼 내가 더 많이 얻어 가는 것 같아.

The happiness I get from the dogs?
The feeling of reward?
I don't know, I think I benefit more from it.

reward: 보상

reward는 돈과 같은 물질적 보상이 될 수도 있지만, 정신적 보상의 의미로 더 많이 쓰입니다. 형용사형은 rewarding으로 '보람 있는'의 뜻입니다. 가령 교사라는 직업은 몸과 마음이 고되지만, 순진무구한 아이들을 매일 만나고 가르칠 수 있다는 점에서 매우 rewarding한 직업이 될 수 있겠죠.

Teaching can be a very rewarding career.
교직은 매우 보람 있는 직업일 수 있어.

유기견 산책 봉사는 뭐 하는 거야?

What do you do as a dog walk volunteer?

표현

What do you do?

이 What do you do?를 무조건 직업을 묻는 표현이라고 생각하면 진짜
안 돼요. 문맥에 따라서 직업이 아닌 단순히 어떤 일을 하는지 물어볼
수도 있기 때문입니다. 그래서 항상 문맥과 상황을 보셔야 해요. 여기서
는 dog walk volunteer가 무슨 일을 하는 건지 물어보고 있는 거죠.

1-2시간 동안 공원 산책시키고 다시 보호소에 데려다주면 돼.

All you have to do is walk the dogs for 1-2 hours around the park and take them back to the shelter.

패턴

All you have to do is ~: 넌 ~만 하면 돼

다른 건 됐고 딱 한 가지만 하면 된다고 말할 때, 이 패턴이 유용하게 쓰
일 수 있어요. 여기서 All은 '모두'가 아닌 Only의 뜻이라는 것도 알아두
세요. 참고로, 이 패턴 뒤에 보어로 동사가 오게 되면 'to + 동사원형'보
다 동사원형을 훨씬 더 많이 쓴다는 것도 주의하세요.

All you have to do is **listen to me!** 넌 내 말만 들으면 돼!

All you have to do is **just go there.** 넌 그냥 거기에 가기만 하면 돼.

All you have to do is **try your best.** 넌 그냥 최선을 다하면 되는 거야.

All you have to do is **trust me.** 넌 그냥 나만 믿으면 되는 거라고.

All you have to do is **say "YES!"** 넌 그냥 YES라고만 하면 된다니까!

생각보다 쉽네?

It's easier than I thought.

패턴

비교급 than I thought: 생각보다 더 ~한

어떤 대상이 생각했던 것보다 기대 이상일 때 이 패턴을 써서 표현해요. 〈비교급 than I expected(기대했던 것보다 더 ~한)〉도 비슷한 뜻과 구조로 많이 쓰이니 함께 알아두세요.

It's more **expensive than I thought.** 이게 생각보다 비싸네.

This class is better **than I expected.** 이 수업이 기대했던 것보다 더 좋은데.

Erin was smarter **than I thought. Erin**은 내가 생각했던 것보다 더 똑똑했어.

I think Ben is better **than I thought. Ben**이 생각보다 더 괜찮은 것 같아.

그래서 그 강아지들을 매일 산책시켜 주기에는 일손이 모자라서, 봉사자들의 손길이 정말 절실해.

Since there are not enough staff to walk every dog, they are really desperate for volunteers.

패턴

Since 주어 + 동사: ~이니까, ~ 때문에

Since가 이유의 의미로 쓰일 때는 대화의 상대방도 이미 알고 있는 사실을 말할 때입니다. because나 as도 이유를 말할 때 쓰이는데, because의 경우, 문장 앞보다는 중간에 오는 경우가 일반적이에요.

Since **I don't know the answer right now, I'll get back to you tomorrow after some research.**
지금 당장은 그 답을 모르겠으니까, 조사 좀 하고 내일 알려 줄게.

Since **you are the smartest one, you need to do it.**
네가 가장 똑똑하니까, 네가 해야지.

Since **you can understand Chinese, you should talk to him.**
넌 중국어를 알아들으니까, 네가 그 사람한테 이야기하는 게 좋겠다.

표현

staff: (전체) 직원

staff는 특이하게 단수와 복수 형태가 같은 staff입니다. team이라는 표현과 같다고 생각해도 무방합니다. 그럼, 보통 한국말로 "이 사람 우리

회사 직원이에요."라고 할 때의 직원을 이렇게 staff라고 쓰면 될까요? 그때는 staff member, team member 또는 간단히 employee라고 하면 됩니다. 다시 말해 staff는 team, crew처럼 전체 직원을 말하는 거죠.

표현

desperate: 간절히 원하는, 절실한

'정말 몹시 원하는'의 뜻으로 회화나 작문에서 많이 쓰이는 표현입니다.

I'm desperate **to get married.** 나 정말 결혼하고 싶어.

I'm desperate **to start my own business.** 나 정말 내 사업 시작하고 싶어.

(미국에 어학 연수 간 친구가)

I'm desperate **to improve my English.** 나 정말 영어 실력 키우고 싶어.

(직장을 올해도 못 구하면 집에서 쫓겨난다며 친구가)

I'm desperate **to get a job.** 나 직장 구하는 게 절실하다고.

이번 주에 나랑 같이 가 보자.

You should go with me this week.

패턴

You should 동사원형: ~하자, ~하는 게 좋겠어

이제부터 You should를 '너 ~해야 해' 이렇게 의무를 나타내는 것으로만 이해하기는 그만하기로 해요. should는 자신의 의견을 말하거나, 상대방에게 조언/충고할 때 많이 쓰입니다. 여기선 상대방에게 '~해 보자'라고 제안하는 상황이기 때문에 Let's ~!라고 해도 되지만 should도 어울려요. 단, should 대신 have to, need to를 사용하면 꼭 반드시 해야 한다는 의미가 되어서 상대방에게 강요하는 느낌을 주죠. 그리고 이렇게 should만 써도 강하게 느끼는 원어민들도 있어서, I think나 Maybe를 넣어 I think you should, Maybe you should 식으로 조금 더 부드럽게 말하기도 한답니다.

You should stop smoking. / I think you should stop smoking.
너 담배 끊는 게 좋겠어. / 담배 좀 끊으면 좋을 것 같아.

You should lose some weight. / I think you should lose some weight.
너 살 좀 빼야겠다. / 살 좀 빼면 좋을 것 같아.

You should study English harder. / Maybe you should study English harder.
너 영어 공부 좀 더 열심히 해야겠다. / 영어 공부 좀 더 열심히 해야 할 것 같아.

밖에 나오면 강아지들이 길 안내를 다 해 줘.

The dogs lead the way once you are outside.

패턴

Once 주어 + 동사: 일단 ~하면

이 패턴은 문맥에 따라서 As soon as ~(~하자마자), After ~(~ 후에)의 의미가 있어요. 예문을 통해 확인하세요.

Once you get there, just call me.
일단 거기 도착하면, 바로 나한테 전화해.

Once you sign a contract, that's the final.
일단 계약서에 서명하면, 그게 마지막이에요.

Once you start, complete this program.
일단 시작하면, 이 프로그램을 끝내세요.

Once this work is finalized, I may have some free time.
일단 이 일이 마무리되면, 여유가 좀 생길 것 같아요.

표현

lead the way: 길을 이끌다, 앞장서다, 안내하다

lead(안내하다, 이끌다) 동사와 관련해서 많이 나오는 표현으로 lead by example이 있어요. 훌륭한 리더(leader)가 되기 위해서는 스스로 앞장서서 모범(example)을 보이는 솔선수범의 자세가 필요하죠. 그래서 lead by example이 '솔선수범하다, 모범을 보이다'의 뜻입니다. set an example 역시 비슷한 의미로 많이 쓰입니다.

I'm new here. So, please lead the way. I'll follow you.
난 여기가 처음이니까 안내 좀 해라. 내가 따라갈게.

The best leader leads by example.
최고의 리더는 솔선수범을 한다.

(엄마가 오빠를 혼내면서) You should set an example for your sister!
네가 동생한테 모범을 보여야지!

UNIT 10

 재테크 관련
결정적 상황과 대화

지금 노후 대비 안 하면 나중에 나이 들어서 고생할 것 같아.

☐ 나   야! 너랑 연락하기 진짜 힘들다. 뭐 때문에 그렇게 바빠?

☐ 너   미안. 내가 요즘 부동산 공부를 하고 있거든. 너무 재미있는 거 있지.

☐ 나   부동산? 요즘 집값 엄청 올랐던데. 집 사려고?

☐ 너   내가 투자 이런 쪽에는 관심이 전혀 없었는데, 월급만 가지고는 돈 모으기가 너무 힘들더라고.

☐ 나   그건 그래. 아, 나도 내 미래가 걱정이다.
        모으는 거 없이 버는 족족 다 쓰고 있으니.

☐ 너   지금 노후 대비 안 하면 나중에 나이 들어서 고생할 것 같아.

☐ 나   나도 마찬가지야. 노후 준비할 여력이 없네. 아! 급 우울해진다.

☐ 너   너도 부동산 공부 좀 해 봐. 이게 알면 알수록 재미있어진다니까.

☐ 나   부동산이라는 게 쉽지 않잖아. 어디서부터 시작해야 할지도 모르겠고.

☐ 너   서점 가서 부동산 재테크책 하나 사서 읽어 봐. TV나 유튜브에도 강의 같은 거 엄청 많거든. 그런 거 보는 것도 도움 많이 돼. 주말에 나들이겸 관심 있는 지역의 부동산에도 들러 보고.

☐ 나   너 땅 사면, 내가 그 옆의 땅 사야겠다.

☐ 너   그래, 우리 같이 부자 돼 보자.

I need to prepare for retirement now or I'll be struggling when I get old.

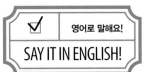
Me Hey! It's so hard to get in touch with you. What's keeping you so busy?

You Sorry, I've been studying real estate lately. It's so much fun.

Me Real estate? The housing prices are through the roof these days. Are you looking to buy a house?

You I never had an interest in investments, but it's so hard to save up with my salary alone.

Me That's true. Ah, I'm worried about my future too. I never save up and spend everything I have.

You I need to prepare for retirement now or I'll be struggling when I get old.

Me Same here. I just can't afford to prepare for the future. Ah! That just bummed me out.

You You should study real estate too. It gets more interesting as you learn more stuff.

Me Real estate is hard. I don't even know where to start.

You You should go to the bookstore and buy a real estate investment book to read. There are so many lectures on TV and Youtube as well. Watching those helps out a lot. And maybe visit the realtor offices in the area you're interested in as a weekend outing.

Me Once you buy some land, I'll just buy some land next to you.

You Yes, we can both get rich.

야! 너랑 연락하기 진짜 힘들다.

Hey! It's so hard to get in touch with you.

표현

동영상 **032**

get in touch with ~: ~와 연락하다 (= contact)

같은 뜻이지만 get in touch with가 contact보다 일상적인 대화에서 더 많이 쓰여요. 비슷한 표현으로 keep in touch / stay in touch도 있습니다. 이 표현들은 '연락하고 지내다'의 뜻으로 계속 연락을 주고받는 것을 말해요. 반대로 오랫동안 연락하지 않고 지냈다고 할 때는 out of touch(더 이상 연락하지 않는)를 사용해서 말하세요! 이와 관련된 표현을 영상으로 정리하고 싶다면 QR코드를 스캔하세요.

Please get in touch with me. 저한테 연락 좀 해 줘요. (= **Please contact me.**)

(오랫만에 연락된 친구한테)
Hey, man! Let's keep in touch! 어이, 친구! 연락하고 지내자고!

(10년 전에 미국으로 이민 간 친구 얘기를 하며)
We still keep in touch. 우리는 지금도 연락해.

Luke and I have been out of touch for too long. I think I need to get in touch with Luke.
Luke와 난 너무 오랫동안 연락 안 하고 지냈어. 걔한테 연락 좀 해 봐야 할 것 같아.

(Luke와 연락이 닿은 후에)
Luke! Let's keep in touch more often! Luke! 자주 좀 연락하고 지내자!

뭐 때문에 그렇게 바빠?

What's keeping you so busy?

What's keeping you so busy?: 뭐 때문에 바빠요?

이 표현은요, 특별히 그 사람이 바쁜 상황이 아니라도 사용할 수 있어요. 우리도 만나면 "요즘 뭐 바쁘세요?" 하면서 이야기 물꼬를 터가잖아요. 그렇게 오랜만에 아는 사람 만나서 편안하게 대화 시작할 때 이 표현을 사용하면 좋아요. 또, 같은 회사

에서 근무하는 동료 직원을 만났을 때도 사용할 수 있습니다. 비슷한 의미로 What makes you so busy? 역시 많이 쓰는 표현이니 알아두세요.

미안. 내가 요즘 부동산 공부를 하고 있거든.

Sorry, I've been studying real estate lately.

표현

real estate: 부동산 (= property)

그럼 '부동산 중개업자'는 뭐라고 할까요? real estate agent 혹은 realtor 라고 합니다.

표현

동영상 033

lately: 최근에

lately는 recently와 의미가 비슷해서 헷갈릴 수 있어요. 바꿔 써서 자연스러울 때도 있지만, 아무 때나 바꿔 쓸 수 있는 건 아니에요. 하지만 그걸 다 아는 건 불가능해요. 그냥 recently가 최근 시간의 한 점을 말하는 거라면(그러니 주로 과거시제와 쓰겠죠), lately는 가까운 과거부터 현재까지 반복, 지속되는 것을 나타낸다는 걸(그러니 현재완료형하고 자주 쓰이겠죠?) 알아두세요.

She had a baby lately. (✗)

She had a baby recently. (O)
그녀가 최근에 아기를 낳았어.
(* 최근 시간의 한 점(아이를 낳은 시점)이므로 recently가 적합해요.)

I have been very sick recently. (✗)

I have been very sick lately. (O)

나 최근에 많이 아팠어.

(＊ 가까운 과거에 시작해서 현재도 아픈 상황이므로 완료시제니까 lately가 적합하죠.)

정말 유용한 tip 하나를 드리면, '최근에'를 '요새'로 대체해서 말이 되면 lately가 적합하답니다. "그녀가 요새 아이를 낳았어?"는 말이 안 되니까 She had a baby에는 recently가 적합해요. "나 요새 많이 아팠어."는 말이 되니까 I have been very sick에는 lately가 적합하겠죠! QR코드를 스캔해서 영상을 보시면 큰 도움이 되실 거예요. 영상에서 these days, the other day, a while ago도 같이 정리해 놓았으니 꼭 보시길 바랍니다.

발음

동영상 034

lately

[레이틀리]가 아니라 [레잇리] 정도로 발음된답니다. 이렇게 -tely, -tly 로 끝나는 표현은 발음하기가 쉽지 않아요. 유튜브 영상으로 원어민의 발음을 직접 듣고 정확하게 소리 낼 때까지 여러 번 따라해 보세요.

너무 재미있는 거 있지.

It's so much fun.

표현

블로그 035

fun(즐거운) vs. funny(웃긴)

이 문장은 It's a lot of fun.으로 바꿔 쓸 수 있어요. 이 두 표현은 〈Unit 6〉 에서 exciting과 interesting을 설명하는 부분에서 이미 다루었지만, 한 번 더 설명할게요. 간단히 설명하면 fun은 '즐거운'이라는 우리말과 잘 어울립니다. funny는 그냥 '웃긴' 거예요.

예를 들면, 영어 공부하는 게 fun할 수 있겠죠. 그리고 여행 가는 것도 fun할 수 있고요. 반면에 funny는 주변 사람들을 웃겨서 무장해제 시키는 사람이나 재미있어서 웃음이 나오는 상황을 말해요. 그래서 그런 사람에게는 You're so funny.라고 할 수 있습니다. 또, 나를 웃기게 하는 상황을 말할 때는 That's funny.라고 하면 돼요. 앞에서 공부하지 않은 분들은 QR코드를 찍어서 꼭 확인하고 넘어가세요!

| fun | funny |

요즘 집값 엄청 올랐던데.

The housing prices are through the roof these days.

표현

through the roof: 가격이 치솟은, 급등한

무언가가 지붕(roof)을 뚫고(through) 올라가는 모습을 상상해 보세요. 가격이 그냥 올라간 정도가 아닌 가격이 급격하게 치솟는 것을 느낄 수 있습니다.

Gas prices are going through the roof. 기름값이 급상승하고 있어요.

(긴장해서) **My blood pressure is** through the roof.
내 혈압이 막 올라가고 있어요.

집 사려고?

Are you looking to buy a house?

표현

Are you looking to 동사원형?: ~할 계획이야, 생각이야?

looking이 나왔다고 '보는 중'이라고 이해하시면 절대 안 돼요. '~할 계획이야', '~하려고 해' 하면 보통 I'm planning to / I'm going to 등을 떠올리지만, 'I'm looking to 동사원형'도 종종 사용됩니다. 특히, 이 표현은 뒤에 buy나 sell 동사가 나오는 경우가 많아요. 앞으로 "너 팔 생각(계획)이야?", "살 생각(계획)이야?"라고 물어볼 때는 Are you looking to sell it?, Are you looking to buy it? 이런 식으로 말해 보세요. 그 외에는 여러분에게 익숙한 Are you going to ~?, Are you planning to ~? 표현을 쓰면 됩니다.

내가 투자 이런 쪽에 관심이 전혀 없었는데,
월급만 가지고는 돈 모으기가 너무 힘들더라고.

I never had an interest in investments,
but it's so hard to save up with my salary alone.

패턴

It's hard to 동사원형: ~하는 게 힘들어, 어려워

hard 대신에 easy(쉬워), difficult(어려워), important(중요해) 등 다른 형용사를 넣어서 활용할 수 있어요. 그리고 hard 앞에 정도를 나타내는 so, very, really, pretty, quite, a little, a bit 등을 넣어서 많이 사용됩니다.

It's really hard to come up with a new idea.
새로운 아이디어를 내는 게 정말 어렵네요.

It's pretty hard to teach kids.
애들 가르치는 게 꽤 어렵네.

It's very hard to have a conversation with Jane.
Jane하고 대화하는 건 참 힘들어.

표현

have an interest in ~: ~에 관심을 갖다

이 표현은 be interested in과 같은 의미예요. 굳이 차이를 얘기하자면 be interested in은 개인적으로 관심 있는 내용에 주로 쓰이고, have an interest in은 일이나 전문적인 관심 분야에 관심이 있다고 할 때 많이 쓰입니다. 하지만 구분하지 않고 사용해도 전혀 문제 없어요.

표현

save up : 저축하다 (= save)

save 뒤에 up을 붙이면 돈이 차곡차곡 쌓아 가는 느낌을 살릴 수 있지만, 원어민들도 그렇게까지 생각하고 말하지는 않아요. up 없이 그냥 save라고 해도 맞습니다.

표현

동영상 036

with salary alone: 월급만 가지고

이렇게 명사가 나오고 특정한 '그것 하나만'을 강조할 때 뒤에 alone을 붙여서 말합니다.

I made $100 this month alone on YouTube.
나 이번 달에만 유튜브로 100달러 벌었어.

The tuition alone for that MBA program is more than $100,000.
그 MBA 과정은 등록금만 해도 10만 달러가 넘어.

(영어 스피킹을 잘하고 싶다는 친구에게)
Shadowing alone is not enough 섀도잉만 하는 것으로는 부족해.

(* 섀도잉은 원어민들의 영상을 보고 그 사람이 말하는 것을 발음, 억양, 속도, 표정, 심지어 손 동작까지 최대한 비슷하게 따라 하는 것을 말해요. 섀도잉이 영어를 공부하는 좋은 방법이긴 하지만 완벽한 방법은 아닙니다. 섀도잉에 대한 제 생각을 영상으로 보는 것도 영어 스피킹을 발전시키는 데 도움이 되실 거예요.)

지금 노후 대비 안 하면 나중에 나이 들어서 고생할 것 같아.

I need to prepare for retirement now or I'll be struggling when I get old.

표현

or: 안 그러면, 안 그랬다간

보통 명령문 뒤에 or가 나오면 or를 '그렇지 않으면'이라고 해석합니다. 그런데 명령문뿐만 아니라 have to, need to,

must 같은 강한 의무 표현에도 or가 똑같은 의미로 쓰여요. 이때 or는 otherwise로 대체할 수 있습니다.

Just finish your homework, <u>or</u>, no dinner for you.
당장 숙제 끝내라! 안 그랬다간 저녁 없을 줄 알아.

I have to start studying English, <u>or</u> I may not be able to get a good job. 영어 공부 시작해야 해! 안 그러면 좋은 직장 잡기 힘들지도 몰라.

나도 마찬가지야.
Same here.

표현

Same here.: 나도 마찬가지야.
이 표현은 상대방 말에 맞장구칠 때 많이 사용해요. Me, too.와 비슷하지만 좀 더 캐주얼하고 격식을 안 가리고 쓰는 표현이죠. 비슷한 표현으로 Likewise! / Ditto!도 있어요.

A: I've always loved you. 난 늘 당신을 사랑했어요.
B: Ditto. 나도요.
(* 영화 〈사랑과 영혼〉에서 나온 대사예요.)
A: I like English. 나 영어 좋아해.
B: Me too. 나도 좋아해.
(* 여기서 Same here!라고 해도 같은 뜻이죠.)

노후 준비할 여력이 없네.
I just can't afford to prepare for the future.

패턴

can't afford to 동사원형: (돈, 시간, 마음) ~할 처지가 아니야
보통 can't afford to ~를 '~할 여유가 없다'의 의미로 알고 있는데, 사실 한국말로 하면 '~할 처지가 아냐'가 좀 더 자연스럽게 들려요. 보통 돈이나 시간이 충분하지 않은 상황을 말할 때 많이 사용합니다.

I <u>can't afford to</u> buy a house. 내가 집을 살 처지가 아니야.
I <u>can't afford to</u> get some rest. 내가 그냥 쉴 처지가 안 돼.
You <u>can't afford to</u> go on vacation. 너 휴가 갈 처지 아니야.

I **can't afford to** go to college. 내가 지금 대학에 갈 처지가 아니야.

(경제적으로 많이 힘든 상황에서) I **can't afford to** lose a job.
난 직업을 잃을 여력이 없어. (난 일자리를 잃으면 안 돼.)

아! 급 우울해진다.
Ah! That just bummed me out.

표현

bum ~ out : ~를 슬프게 하다, 우울하게 하다

이 표현은 be bummed out, feel bummed out
식으로 보통 많이 쓰는데요. 어떤 것 때문에
슬프고, 우울하다고 말할 때 사용해요. 또는

Bummer!(실망이야!, 아쉬워!) 혹은 What a bummer!(실망이야!, 안타깝
다!)처럼 써서 실망과 안타까운 마음을 나타내기도 합니다.

(여자 친구한테 차여서) I'm so bummed out. 나 너무 슬퍼.

(직장에서 잘려서) I feel so bummed out. 나 너무 우울해.

이게 알면 알수록 재미있어진다니까.
It gets more interesting as you learn more stuff.

표현

get + 형용사(~해지다) vs. be동사 + 형용사(~하다)

get과 be동사는 약간의 차이가 있어요. 물론 be동사를 get으로 바꿔도
말이 되는 경우도 많지만, 원칙적으로 be동사는 상태를 나타내고, get
은 상태의 변화를 나타내요. 간단한 예로, 거울에 비친 나를 보고, "아,
나 뚱뚱하다."라고 하면 I'm fat.이지만, 내가 뚱뚱해지고 있는 것에 포커
스를 맞추면 I'm getting fat.이 되지요.

Your English is getting **better.** 너 영어 실력이 점점 좋아지고 있어.

That party was **so boring.** 그 파티 정말 지루했어.

This party is getting **boring.** 이 파티 점점 지루해지는데.

I was **sick yesterday.** 나 어제 아팠어.

(괜찮다가 아팠을 때는) I got **sick yesterday.** 어제 몸이 아파지더라고.

stuff: 그거, 것

stuff는 딱 집어서 이름을 말하기 애매하거나 그다지 중요하지 않은 것을 가리켜 '그거'라고 할 때, 또는 무엇을 가리키는지가 분명할 때 사용하는 표현이에요. 단수와 복수 형태가 똑같고요, 복수로 쓸 때는 much stuff, a lot of stuff 등으로 쓸 수 있습니다. many stuff는 어색하므로 이럴 땐 many things로 쓰세요.

There's some sticky stuff on my shoe. 내 운동화 바닥에 끈끈한 게 붙었어.
He talked about some interesting stuff. 걔가 어떤 흥미로운 걸 말하더라고.
This is my stuff. 이거 내 거야.
I've got a lot of stuff to do this weekend. 나 이번 주말에 할 게 많아.

부동산이라는 게 쉽지 않잖아. 어디서부터 시작해야 할지도 모르겠고.

Real estate is hard.
I don't even know where to start.

I don't even know ~: 난 심지어 ~조차도 몰라

even이 know 앞에 나와서 I don't know를 좀 더 강조해요. I don't know가 '난 몰라'라고 한다면, I don't even know는 '(남들은 알지 몰라도) 난 그것도 모른다고' 정도의 의미입니다.

주말에 나들이겸 관심 있는 지역의 부동산에도 들러 보고.

And maybe visit the realtor offices in the area
you're interested in as a weekend outing.

maybe: 아마 ~하는 것도 좋을 거야

조심스럽게 제안할 때, 앞에 maybe를 써서 '아마 ~하는 것도 좋을 거야'의 의미를 전달할 수 있어요. probably, perhaps 역시 전달하는 의미는 비슷해요.

표현

outing: (단체로 즐기는) 여행, 야유회, 소풍

outing은 보통 학교나 회사에서 당일치기로 다녀오는 '여행, 견학, 야유회' 등을 말해요. 가족이 함께 하루 여행을 다녀온다고 할 때도 outing을 쓸 수 있어요.

We're going on an outing tomorrow. 우리 내일 소풍 가.

너 땅 사면, 내가 그 옆의 땅 사야겠다.

Once you buy some land, I'll just buy some land next to you.

패턴

Once 주어 + 동사: 일단 ~하면

바로 앞 〈Unit 9〉에서 다루었으므로 생략합니다. 안 보신 분들은 확인하고 넘어가세요.

표현

next to ~: 바로 옆에 ~

next to는 바짝 붙어서 바로 옆에 있는 것이고, near와 close to는 바로 옆은 아니지만 가까이 있는 것을 의미해요.

The man is next to the woman.

The man is near the woman.

그래, 우리 같이 부자 돼 보자.

Yes, we can both get rich.

get + 형용사: ~해지다

앞에서 get은 상태의 변화를 말한다고 했죠? 지금은 부자가 아니지만 점점 그렇게 될 수 있다는 상태의 변화를 나타내는 것이라서 be동사 대신 get을 썼어요.

UNIT 11

 맛집 관련
결정적 상황과 대화

치맥 할인한다는
전단지도
봤는데!

- [ ] 나 어디 가?
- [ ] 녀 음료수 좀 사러 편의점에 갔다 오려고.
- [ ] 나 가는 길에 컵라면 하나 사다 줄래?
    집중해서 일했더니 출출하다.
- [ ] 녀 그럼 컵라면 두 개 사서 같이 먹을까?
- [ ] 나 너도 배고파? 그럼 컵라면 말고 치맥하러 가자! 편의점 옆에 치킨집 오픈했던데,
    한번 가 보자. 저번에 퇴근하면서 보니까 사람들이 번호표 뽑고 기다리더라.
- [ ] 녀 나도 거기 봤어!
    치맥 할인한다는 전단지도 봤는데!
- [ ] 나 지금 가면 사람 많을까?
    일 마무리하고 가 보자! 갑자기 너무 먹고 싶어지는데.
- [ ] 녀 그래! 빨리 가 보자!
    우리 회사 옆에 맛집 좀 많이 생겼으면 좋겠다.
- [ ] 나 그럼 야근하는 날도 행복할 거야.

I saw a flyer saying they're offering discounts for chicken and beer!

SAY IT IN ENGLISH!
영어로 말해요!
MP3 011

Me Heading out?

You I'm just going to the convenience store to grab something to drink.

Me Can you get me a cup of noodles while you're there?
Concentrating on my work got me hungry.

You Then should we get two cups of noodles and eat it together?

Me Are you hungry, too? Then just forget about the cup of noodles and
go for chicken and beer. There's a new chicken place next to the
convenience store, we should go and check it out. I walked by
on my way home the other day and there were people waiting with tickets.

You I saw that place too!
I saw a flyer saying they're offering discounts for chicken and beer!

Me Do you think the line will be too long at this time?
Let's finish up and head out there! I really crave it now.

You Sure! Let's hurry up and go!
I wish more hot places will open up around our office.

Me That will make overtime worth it.

어디 가?

Heading out?

표현

동영상 037

Heading out?: 어디 가?

보통 "어디 가?" 하면 Where are you going?이 바로 떠오르지 않나요?
좋아요. 하지만 원어민들은 "어디 가?"라고 할 때 head out도 많이 쓴답
니다. head는 명사로 '머리'라는 뜻이지만, 동사로는 '어떤 방향을 향해서
가다'는 뜻이 있어요. 그래서 원어민들이 다음과 같이 많이 말하죠.

(보통 편안한 친구 사이에 부담 없이)
Where are you headed?
Where are you heading (to)?
Where are you off to? 너 어디 가?
(* 더 간단히는 여기처럼 (You) heading out?으로 말해요.)

제가 책에서 설명하는 표현들을 다 암기해서 스피킹할 때 사용하려는
분들이 있다면 그러지 마세요. 이 책에 많은 표현들을 소개하는 이유는
원어민들이 많이 사용하기 때문에 알아두라는 차원에서예요. 내가 말
하는 것도 중요하지만 상대방이 무슨 말을 하는지 알아들어야 하잖아
요. 우리가 이미 Where are you going?을 쓸 수 있다면 다른 표현들은 굳
이 외워서 쓸 필요가 없어요. 이와 관련해 스피킹을 좀 더 빨리 늘리는
데 도움이 많이 되는 영상을 준비했으니 꼭 스캔해서 보시기 바랍니다.

음료수 좀 사러 편의점에 갔다 오려고.

I'm just going to the convenience store to grab something to drink.

표현

grab something to drink: 음료수를 사다

'음료수' 하면 beverage를 생각하시는 분들이 있는데, beverage는 '물을
제외한 술, 커피, 탄산음료, 주스 등 모든 마실 거리'를 말해요. 음료수는
결국 마실 것(drink)이니까 이렇게 쉽게 표현해도 좋아요.
그리고 '사다'라고 하면 buy, purchase, get이 생각나죠? 이 중 purchase
는 formal한 느낌이 있어요. 그래서 대화에서는 주로 get과 buy를 씁니
다. 그런데 이 문장에서는 grab이 나왔어요. grab은 보통 바쁠 때 얼른

사서 테이크아웃하거나 간단히 앉아서 먹고 간다는 느낌으로 많이 쓰인답니다. 물론 grab 대신 get이나 buy를 써도 전혀 문제는 없어요.

(목말라 하는 친구를 보며)
Want to get a drink? 뭐 좀 마실래?
(* 물론 이 말은 '술 마실래?'라는 말도 되죠. 문맥과
  상황을 보셔야 해요.)

(수업 전에 잠깐 카페에 들러 커피를 살 때)
Let me grab a coffee. 나 커피 한 잔 살게.
(* a cup of coffee보다 a coffee를 더 많이 써요.)

가는 길에 컵라면 하나 사다 줄래?

Can you get me a cup of noodles while you're there?

패턴

Can you get me ~?: ~ 좀 가져다줄래?

Can you ~?는 상대방에게 부탁할 때 편안하게 사용하는 패턴입니다. 이 외에도 Would you ~?, Will you ~?, Could you ~?, It would be great if you ~, Do you mind if ~? 등 여러 가지가 있지만, Can you ~?가 가장 대중적인 표현이에요. 이 패턴은 상대방에게 뭘 가져다 달라고 부탁할 때 사용합니다. 특히 음식점, 커피숍이나 호텔 같은 곳에서 많이 쓰죠.

<u>Can you get me</u> **a cup of coffee?** 저 커피 한 잔만 가져다주실래요?
<u>Can you get me</u> **an extra towel?** 저 수건 하나 더 가져다주시겠어요?
<u>Can you get me</u> **some ice?** 저 얼음 좀 주시겠어요?
<u>Can you get me</u> **a drink?** 나 술 좀 갖다줄래?
<u>Can you get me</u> **a glass of water?** 물 한 잔 주시겠어요?

표현

a cup of noodles: 컵라면 하나

noodle은 보통 복수로 써요. 단수로 noodle은 면 한 가닥을 말하는 거예요. 그래서 컵라면 하나는 a cup of noodle이라고 하지 않고 a cup of noodles라고 써야 해요. 하지만 '밥 한 공기'는 a bowl of rice라고 합니다. 이건 어떤 법칙을 따지기보다 그냥 외우는 게 낫습니다.

137

while you're there: 가는 길에

'가는 길에'를 '어차피 거기 가는 김에'의 느낌으로 봐서 while you're out
으로 써도 좋고요. on your way out(나가는 중에)도 괜찮아요. 한국 식당
에서는 보통 음식을 먹고 나서 나갈 때 카운터에서 계산을 하잖아요. 이
런 사실을 외국인 친구한테 얘기한다면 You can pay on your way out.(나
가면서 계산할 수 있어.)과 같이 말할 수 있어요. 참고로 '이왕 하는 김에,
내친김에'는 while you're at it을 많이 사용합니다. 예문으로 확인하세요.

(방 청소하는 룸메이트한테)
Can you clean my desk while you're at it?
네 거 하는 김에 내 책상도 치워 줄래?

(출근하는 남편한테)
Honey, can you take out the trash while you're at it?
여보, 나가는 김에 쓰레기도 버려 줄래요?

집중해서 일했더니 출출하다.
Concentrating on my work got me hungry.

Concentrating on my work got me hungry.
여기서는 concentrate on ~(~에 집중하다)을 사용했는데, I'm hungry cuz
I've been working on this so hard.처럼 바꿔 말해도 좋습니다. 참고로 회
사에서 어떤 프로젝트를 진행한다고 할 때 work on a project라고 해요.
그리고 get me hungry는 '나를 배고프게 하다'라는 의미로, 여기서 get
은 have, make처럼 '~하게 하다'는 뜻으로 쓰였어요. 대화에서 많이 사
용하는 get 동사 표현들을 아래에 몇 개 소개할게요.

It got me excited. 그게 날 신나게 했어.

It got me frustrated. 그게 날 답답하고 짜증나게 했어.

It got me thinking. 그게 날 생각을 좀 하게 했어. (이런저런 생각이 들었어.)

그럼 컵라면 두 개 사서 같이 먹을까?

Then should we get two cups of noodles and eat it together?

패턴

Should I/We ~?: (내가/우리) ~할까?

이 패턴은 상대방에게 의견을 묻거나, 토론을 시작할 때 종종 사용합니다. 정중하고 부드럽게 묻는 표현이에요.

Should I **call a doctor?** 내가 의사 선생님한테 전화할까요?

Should I **invite Jayden?** 내가 Jayden 초대할까?

Should I **watch this movie?** 이 영화 볼까?

Should we **call an ambulance?** 구급차 불러야 할까요?

Should we **get started?** 시작할까요?

그럼 컵라면 말고 치맥 하러 가자!

Then just forget about the cup of noodles and go for chicken and beer.

표현

forget about ~: ~은 잊어버리다, 없던 일로 하다

'컵라면 말고 치맥'이라고 하면, 보통 instead of(~ 대신에)를 써서 You want to go for chicken and beer instead of the cup noodles? 이렇게 말할 수 있어요. 그런데 forget about ~도 이런 상황에서 많이 사용합니다. 앞에서 말하고 있던 것에 대해서 '야, 아니야! 그거 말고, 그게 아니라…' 정도의 의미로요. 예문을 통해 살펴보죠.

(제주도 여행을 가려고 얘기하다가 갑자기 베트남에 가고 싶다고 할 때)

Forget about **Jeju island. Let's go to Vietnam.** 제주도 말고 베트남 가자.

(그룹 프로젝트 중 내일 약속이 있어 빠져야 할 것 같다고 말하니 팀원들 표정이 뜨악할 때)

Forget about **it!** 신경 쓰지 매! (없던 얘기로 하자!)

(친구에게 돈을 빌려 달라고 했는데, 친구가 매몰차게 안 빌려준다고 하자 화가 나서)

Forget **it!** 됐어! (신경 쓰지 매)

(* Forget it!은 Forget about it.보다 좀 더 짜증나고 화나는 상황에서 쓰여요.)

표현

go for ~: ~을 먹으러 가다

이 표현은 다양한 의미로 쓰여서 문맥을 보고
이해해야 해요. 보통 go for ~라고 하면 무언가
를 원하고, 선택하는 느낌으로 생각하면 해석이
된답니다.

A: Do you want to go for a walk? 산책 갈래?

B: Not really. Let's go for a drive instead. 별로. 대신 드라이브 가자!

(* go for a walk: 산책하러 가다 / go for a drive: 드라이브하러 가다)

(주식 투자하려는 친구한테)

You should go for Amazon. It's the best.
아마존을 선택하는 게 좋을 거야. 그게 최고야.

편의점 옆에 치킨집 오픈했던데, 한번 가 보자.

There's a new chicken place next to the convenience store, we should go and check it out.

패턴

You/We should 동사원형: ~하자!, ~하는 게 어떨까?

상대방에게 제안할 때 Let's ~, Why don't we ~? 못지않게 많이 쓰는 표
현이 We/You should~입니다. should는 한 호흡으로 [슏] 정도로 발음
하세요.

(아이가 늦은 시간까지 깨어 있어서)

You should go to bed. 이제 자야지.

(몸이 안 좋아 보이는 친구한테)

You look so tired. You should see a doctor.
너 정말 피곤해 보여. 병원에 가 봐야 하지 않니?

(재미난 영화가 개봉되었을 때 친구한테)

We should go see this movie!
우리 이 영화 보러 가자!

(확장) **I think you should 동사원형: 너 ~해야겠어, ~해야 할 것 같아**

I think가 들어가서 you should보다 좀 더 부드럽고 정중하게 상대방에
게 제안하는 느낌이 있죠. 비슷한 느낌으로 Maybe you should ~도 많이
사용해요.

I think you should practice English speaking every day.
네가 영어 말하기 연습을 매일 해야 할 것 같아.

(친구가 Google에서 Job offer를 받았을 때)
I think you should accept that offer. 네가 그 제안을 받아들이는 게 좋겠어.

(수업 시간에 떠드는 학생에게)
I think you should keep your voice down. 소리 좀 낮춰야겠다.

표현

chicken place: 치킨집

'치킨집'을 chicken house라고 하면, 진짜 닭을 키우는 닭장을 말하는 거예요. 보통, 원어민들은 house라고 하면 단독주택을 생각해요. 닭들이 사는 단독주택이니까 닭장이 되는 거죠. 그래서 아파트에 산다고 할 때는 정확하게

apartment나 간단히 place를 사용하면 됩니다. 치킨집과 비슷하게 국수집(국수 파는 곳)은 noodle place라고 하세요. 그러면 피자 파는 곳은? 네! pizza place라고 하면 됩니다.

표현

check it out: 확인하다, 보다

check it out은 상대방에게 어떤 것을 추천하고 싶거나 보여 주고 싶은 것을 말할 때 쓸 수 있어요. 예문으로 확인해 보세요.

(재미있게 본 영화를 친구에게 추천하며)
You should check it out. 너 그 영화 봐 봐.

(새로 산 차를 친구에게 보여 주고 싶을 때)
You want to check it out? 내 차 좀 볼래?

저번에 퇴근하면서 보니까 사람들이 번호표 뽑고 기다리더라.

I walked by on my way home the other day and there were people waiting with tickets.

표현

'저번에'는 last time, '퇴근하면서 보니까'는 get off work(퇴근하다), look, see가 머릿속에 막 떠오르죠? 그런데 이렇게 한국말을 1:1로 매칭해서 만들면 문장이 길어질 수밖에 없어요. 그래도 한번 만들어 보면

Last time I saw that place after I got off work. 정도가 되겠죠. 그래도 물론 의미는 통하지만, 이번에는 영어식 사고로 간단하게 표현해 보겠습니다. I walked by(옆에서 지나갔어요), on my way home(집으로 가는 길에 즉, 퇴근하는 길에), the other day(요전날), 이렇게 말이죠. 참고로 the other day는 a few days ago의 느낌으로 받아들이면 됩니다. 그리고 '번호표'는 number card가 아니라 waiting ticket이라고 해요. 하지만 여전히 많은 맛집에서는 고객들이 직접 대기 명단(waiting list)에 이름을 적게 하는데요. 이때 점원이 Put your name on the waiting list.라고 말할 수 있겠죠.

치맥 할인한다는 전단지도 봤는데!

I saw a flyer saying they're offering discounts for chicken and beer!

표현

saying ~:~라고 적혀 있는

say는 여기서 신문, 표지판, 편지 등에 '~라고 쓰여 있다', 책에 '~라고 나와 있다'라는 의미로 쓰였어요.

The sign says "Don't smoke here."
표지판에 '금연구역'이라고 돼 있어.

The research says that learning second language is beneficial.
제2외국어를 배우는 게 유익하다는 연구가 있어.

I received a letter saying that I got accepted into Harvard.
나 Harvard 대학에 합격했다고 적힌 편지를 받았어.

지금 가면 사람 많을까?

Do you think the line will be too long at this time?

표현

정확한 의사전달이 중요해요.

이 말은 실제 상황에서 어디에 focus를 두느냐에 따라 다양하게 표현할 수 있는데요. 우선 한국어를 보고 거기에 맞춰 충실하게 번역하면 다음과 같아요.

Do you think there will be a lot of people if we go there right now?

여기서 'line(waiting line)이 길다(long)'라고 하면 기다리는 사람이 많다는 것에 포커스가 있고, a lot of people을 이용해서 표현하면 음식점에 줄을 서서 기다리는 사람을 특정하는 것보다 전체적으로 음식점에 사람이 많다고 생각할 수 있겠죠. 하지만 대화를 하는 사람들은 두 문장 모두 같은 의미로 이해할 거예요. 우리의 목적은 내가 한 말을 원어민이 쉽게 이해할 수 있고 서로 오해하지 않게 영어를 하는 거예요. 그러니 너무 지나치게 이런 부분에 신경을 쓰지 않아도 된답니다. 좀 장황하게 설명했지만, 요점은 정확한 의사전달이 중요하다는 말씀~!

참고로, 가려는 식당에 사람이 많지 않길 바라는 기대를 담아서 말하고 싶다면 아래에서 마음에 드는 문장을 골라 연습해 보세요.

I hope there's not a lot of people now. 지금 사람들이 많이 없으면 좋겠다.

I hope the line will be short. (기다리는) 줄이 짧으면 좋겠다.

I hope we don't have to wait. 기다리지 않으면 좋겠다.

일 마무리하고 가 보자! 갑자기 너무 먹고 싶어지는데.

Let's finish up and head out there!
I really crave it now.

표현

블로그 038

finish up: 일을 마무리하다, 끝내다

그냥 finish만 써도 되지만, finish up을 쓰면 '끝까지 마무리를 짓다'는 느낌이 더 강해져요. get this done도 비슷한 의미로 자주 사용돼요. 마찬가지로 clean 역시 일반적으로 '청소하다'의 의미지만 clean up은 아주 깔끔하게 다 청소해서 마무리짓는 느낌이 강합니다. 하지만 이 부분은 원어민들끼리도 지역에 따라 의견이 조금씩 다르기 때문에 그냥 같다고 생각해도 무방합니다. 그리고 up이 들어가면 좀 더 캐주얼하게 들린다고 해요. 궁금한 분들은 제가 직접 원어민의 설명을 영상으로 정리했으니 QR코드 스캔해서 정리해 보세요.

I'll finish up my homework. / I'll get this homework done. 나 숙제 끝낼게.

표현

crave: 몹시 원하다

물론 crave 대신 I want to eat that so much. / I want to have it so bad.로 말해도 전혀 문제는 없습니다. 여기서 so bad는 '몹시'라는 뜻으로 많이 사용되는 표현이에요. I miss you so bad.(난 네가 몹시 보고 싶어.)

그럼 야근하는 날도 행복할 거야.

That will make overtime worth it.

표현

overtime: 초과 근무, 야근

overtime vs. over time 이 두 개가 발음은 같은데 의미가 다릅니다. overtime은 (특히 직장에서) 약속된 시간 넘어서 일하는 것을 말해요. work overtime, work extra hours, work extra time이라고 자주 표현하죠. over time은 over the course of time의 약자로 '시간이 지나면서 죽 ~' 정도의 느낌입니다.

I have to work overtime tonight to get this project done on time.
난 이 프로젝트를 제시간에 끝내기 위해서 오늘 밤 늦게까지 일해야 해.

My mindset on the world has changed over time.
세상을 보는 나의 생각은 시간이 지나면서 바뀌었다.

UNIT 12

부모 자식 간에 오고가는
결정적 상황과 대화

빨리
집에 와서
밥이나 먹어.

☐ 나   엄마, 나 지금 집에 가는 중인데, 배스킨라빈스에 들러서 아이스크림 사도 되지?

☐ 엄마   아니, 됐어. 그냥 와.

☐ 나   아니 왜? 엄마 아이스크림 좋아하잖아.

☐ 엄마   야, 늦었어. 살찐다고. 그리고 너 또 엄마 카드로 살 거잖아.

☐ 나   아닌데, 내 카드로 사는 건데.

☐ 엄마   야, 그게 엄마 돈이지 네 돈이냐? 그리고 매일 아이스크림 먹다 보니까 질렸어.

☐ 나   아니, 나 빼고 매일 동생이랑 아이스크림 먹은 거야? 너무하다 진짜.

☐ 엄마   쓸데없는 소리 하지 마. 넌 우리 빼고 늘 맛있는 거 먹잖아.
             네 동생은 밖에 나가는 거 좋아하지도 않고. 빨리 집에 와서 밥이나 먹어.

☐ 나   뭐? 집에 먹을 것도 없던데.

☐ 엄마   귀찮게 하지 말고 전화 끊어. 나 TV 봐야 해.

Come back home right now and have dinner.

Me Mom, I'm on my way home. **Is it okay if** I get some ice cream at Baskin Robbins?

Mom No. Just **come** home.

Me Why? You love ice cream.

Mom Hey, it's **late**. You'll **gain weight**. **Besides**, you're going to buy it with my credit card again.

Me No, **I'm going to** buy it with my credit card.

Mom Hey, that is really my money, not yours, and **I'm sick of** eating ice cream every day.

Me So you had ice cream every day with my younger sister without me? **That's not fair.**

Mom Please **cut the crap**! You always eat **delicious food** without us. Your sister rarely wants to go outside anyway. Come back home right now and **have dinner**.

Me What? There is **nothing to** eat at home.

Mom **Quit** annoying me and hang up. I need to watch TV.

배스킨라빈스에 들러서 아이스크림 사도 되지?

Is it okay if I get some ice cream at Baskin Robbins?

패턴

Is it okay if 주어 + 동사? / Is it okay to 동사원형 ~?:
~해도 돼?, ~해도 괜찮을까?

〈Unit 3〉에서 이미 다룬 건데요, 상대방에게 양해나 허락을 구할 때 정
말 많이 사용하는 패턴이라 한 번 더 상기시킵
니다. 물론 Is it all right ~?이나 Is it alright ~?
이라고 해도 되지만, Is it okay ~? 패턴이 더 많
이 쓰입니다.

Is it okay if I park here? 여기 주차해도 돼요?
Is it okay if I call you back later? 내가 나중에 전화해도 될까?
Is it okay to get some rest? 잠깐 휴식 좀 취해도 될까요?
(* 휴식을 취한다고 할 땐 get some rest를 많이 사용해요.)

아니, 됐어. 그냥 와.

No. Just come home.

표현

블로그 039

come vs. go

〈Unit 8〉에서 이미 come과 go의 차이점을 설명해 드렸지만 여전히 헷
갈리시는 분들을 위해 예문을 통해 정리해 드리겠습니다. 좀 더 자세
하게 공부하고 싶으신 분은 QR코드를 스캔해서 제 블로그에 정리한 내
용을 공부해 보세요.

(엄마가 아침밥을 해 놓고 아들을 부르는 상황)

Mom: Your breakfast is ready. 아침밥 다 됐다.

Son: Yes, Mom. I'm coming. 네, 엄마. 지금 가요.

(* 지금 엄마가 있는 곳에 가서 식사한다는 말 - 듣는 사람 기준으로 가까워지는 상황)

Mom: Your breakfast is ready. 아침밥 다 됐다.

Son: I'm going. 저 가요.

(* 이 경우 어쩌면 엄마는 아들이 학교 간다고 생각하고 음식을 치울 수도 있어요. 왜냐하면 go 는 듣는 사람 쪽으로 내가 가고 있다는 것이 아니라 다른 곳으로 간다는 말이거든요.)

(직장에서 동료하고 대화하며)

I came to work by bus today. But, I'm going to go home by subway.

나 오늘 버스 타고 출근했어. 그런데 지하철 타고 집에 가려고.

(* 듣는 사람이 직장에서 옆에 있는 상황으로 짐작할 수 있어요. 듣는 사람에게 가까워지니 came. 듣는 사람으로부터 멀어지니 go를 쓴 겁니다.)

야, 늦었어. 살찐다고.

Hey, it's late. You'll gain weight.

표현

late가 들어간 표현

late는 보통 '늦은, 늦게'라는 의미로 많이 사용됩니다. 예문으로 확인해 볼게요.

(약속 장소에 늦게 나가서 친구한테)

Sorry I'm late. 늦어서 미안.

(아내에게 전화를 걸어 직장에서 야근해야 한다고 말할 때)

I have to work late tonight. 나 오늘 늦게까지 일해야 해.

I had a late breakfast. 나 아침 늦게 먹었어.

↔**I had an early breakfast.** 나 아침 일찍 먹었어.

다음은 late가 '후기의, 후반의'라는 뜻으로 쓰인 예문이에요. 자주 쓰이 는 예문들이니 같이 기억해 주세요.

Erin is in her late 30s. Erin은 30대 후반이야.

(* 참고로 '30대 초반'은 early 30s, '30대 중반'은 mid 30s를 넣으면 됩니다.)

This building was built in the late 2000s.

이 빌딩은 2000년대 후반에 지어졌어.

gain weight: 살이 찌다, 몸무게가 늘다

정말 많이 사용하는 표현이죠. '살이 좀 찌다'는 gain some weight / gain a little bit of weight라 고 해서 some이나 a little bit of를 넣으면 돼요. gain 대신에 put on을 쓰기도 하고요. 반대로 '살 이 빠지다'는 lose weight로 표현합니다.

I've gained[put on] some weight. /
I've gained[put on] a little bit of weight. 나 살이 좀 쪘어.

I've gained my weight. (×)
(* 이건 틀린 표현이에요. 중간에 소유격이나 정관사를 쓰지 않으니 주의하세요.)

I've lost some weight. / I've lost a little bit of weight. 나 살이 좀 빠졌어.

Did you lose weight? You look so slim! 너 살 뺐니? 정말 날씬해 보여!
('날씬한'을 skinny라고 하면 어색해요. '깡마른'의 느낌이 강하거든요. slim이나 slender를 사 용하세요.)

그리고 너 또 엄마 카드로 살 거잖아.

Besides, you're going to buy it with my credit card again.

Besides: 게다가, 뿐만 아니라

Besides는 보통 대화에서 앞에 문장을 말하고, 거기다 추가로 덧붙일 때 캐주얼하게 사용해요. 특히, 이유를 추가할 때 많이 사용하죠. 참고로 개인적으로 전 Besides와 Plus, On top of this/that 등을 대화할 때 자주 사용합니다.

A: Are you coming to my wedding? 내 결혼식에 올 거야?
B: I'm sorry. I have a job interview that day. Besides, my mom is in hospital, so I have to go after that.
미안. 나 그날 면접이 있어. 게다가 우리 엄마도 병원에 계셔서 면접 끝나고 거기 가야 해.

참고로 Besides that도 대화에서 유용하게 사용할 수 있는데요, Besides 와는 의미가 조금 달라요. 여기서 Besides that은 in addition to that의 의미로, 보통 이럴 때는 '그 외에도, 그 밖에도'라고 해석하면 잘 어울립 니다.

Learning English can help improve your career. Besides that, it is just so much fun.
영어를 배우는 게 커리어 발전에 도움이 되죠. 그 외에도, 진짜 재미있어요.

아닌데, 내 카드로 사는 건데.

No, I'm going to buy it with my credit card.

패턴

블로그 040

I'm going to 동사원형: 나 ~할 거야

원어민들이 입에 달고 사는 I'm going to ~는 실제 대화에서는 I'm gonna라고 하는데, [암고너], 더 빨리 말하면 [아머너]로 들립니다. I will 도 비슷한 느낌이지만, I will은 잘 쓰지 않아요. 단적으로, 그냥 미래는 I'm gonna로 사용하시고 I will은 특정한 상황에 사용한다고 생각해도 대화하는 데 문제가 없답니다.

I'm going to travel to Busan with my family. 나 가족하고 부산 여행 갈 거야.

I'm going to start working tomorrow. 나 내일부터 일 시작해.

I'm going to upload this on YouTube tomorrow.
나 이거 내일 유튜브에 올릴 거야.

(창문 밖을 보니 비가 올 것 같아서)
It's gonna rain. 비가 오겠네.

그럼 I will은 어떤 상황에서 쓸까요? 일상대화에서는 '난 ~할 거야'라고 자신의 의지를 피력할 때 많이 사용합니다.

I'll get married. 난 결혼할 거야.

I'll get back to you. 제가 연락드릴게요.

그리고 순간적으로 뭔가를 결정할 때도 사용할 수 있는데요. 예를 들면 딩동 하고 현관 초인종이 울려서 I'll get it.(내가 문 열게.)이라고 말하는 경우를 제외하고는 I'm going to를 사용해도 전혀 문제가 없다고 생각해도 좋아요. 제가 이 부분은 룩룩잉글리쉬 블로그에 정리했으니, 확인해 보세요.

표현

credit card: 신용카드

돈은 이렇게 credit card(신용카드)나 debit card(체크카드)로 지불할 수도 있지만, 현금으로 내기도 하죠. '현금으로 내다'는 pay in cash입니다. 그리고 요즘은 계좌 이체도 많이 하더라고요. 이럴 땐 transfer money라고 하면 돼요.

(상점에서)

A: Will you pay in cash or by credit card?
현금으로 계산하시겠어요, 신용카드로 하시겠어요?

B: Can I transfer money to your account? 계좌 이체해도 될까요?

야, 그게 엄마 돈이지 네 돈이냐?
그리고 매일 아이스크림 먹다 보니까 질렸어.

Hey, that is really my money, not yours, and I'm sick of eating ice cream every day.

패턴

I'm sick of ~ / I'm tired of ~: ~하는 거 지겨워, 질렸어, 지긋지긋해

더 이상 참을 수 없을 정도로 지겨운 것, 질려 버린 것에 불만을 가지거나 불평할 때 사용해요.

(맨날 아침에 시리얼만 먹다가 짜증나서)
I'm so sick of having cereal every day.
나 매일 시리얼 먹는 데 정말 질렸어.

(말을 하는데 자꾸 끊는 친구를 보면서)
I'm sick of people cutting in when I talk.
난 말할 때 끼어드는 사람 정말 짜증나.

(엄마가 날 여전히 아기 취급할 때)
I'm tired of you treating me like a baby.
엄마가 날 아기 취급하는 것에 질렸어요.

(맨날 불평하는 동생에게)
I'm sick and tired of hearing your complaint.
네 불평 듣는 거 지긋지긋하다.

(* '지겹다'는 의미를 강조하고 싶을 때는 두 표현을 붙여서 I'm sick and tired of ~로 사용해요.)

아니, 나 빼고 매일 동생이랑 아이스크림 먹은 거야? 너무하다 진짜.

So you had ice cream every day with my younger sister without me? That's not fair.

That's not fair.: 너무해!

상황이 공정하지 않거나 공평하지 않을 때, 상대방의 행동이 부당하다고 느낄 때 사용해요.

(부모가 수백만 원짜리 과외를 시켜 명문대에 합격한 친구를 보면서)

That's not fair.

(영어를 공부한 지 석 달도 안 되어서 유창하게 영어로 말하는 친구를 보면서)

That's not fair.

(매번 투자하는 주식마다 대박이 나는 친구를 보면서)

That's not fair.

쓸데없는 소리 하지 마.

Please cut the crap!

Cut the crap!: 쓸데없는 소리 하지 마!

이 표현은 "쓸데없는 소리 하지 마!", "헛소리 집어치워!" 정도의 의미로 많이 사용합니다. crap 대신에 shit을 쓰기도 하는데, 사실 shit, crap은 '똥'이라는 말이지만 '허튼소리, 말도 안 되는 소리'의 의미로도 많이 사용해요. 그리고 That's bullshit.(미화해서 That's BS.)도 매우 많이 들리는 표현이에요. 하지만 원어민들이 많이 사용하는 슬랭 표현은 친하거나 가까운 사이에서만 쓰일 뿐 글로 쓰거나 formal한 상황에서는 쓰면 안 되는 것들이 많으니 주의해야 합니다.

넌 우리 빼고 늘 맛있는 거 먹잖아.

You always eat delicious food without us.

delicious food: 맛있는 음식

참고로 원어민들은 음식이 맛있다고 할 때 delicious라는 표현을 그렇게 많이 사용하지 않아요. 이 delicious를 쓸 때는 아주 강하게 칭찬할 때입니다. 보통은 Wow! This is good! / This tastes great. / This is tasty. / This is yummy.정도로 말한답니다. 참고로 yummy나 tasty는 보통 어린아이들이 많이 사용하죠.

빨리 집에 와서 밥이나 먹어.
Come back home right now and have dinner.

표현

have dinner: 저녁 먹다

have 대신 eat을 사용해도 되지만 이렇게 끼니를 나타내는 단어 앞에서는 have를 훨씬 더 많이 써요. eat은 좀 더 구체적인 걸 먹을 때, 예를 들면 I'm eating chocolate.처럼 쓰지만, 사실 이렇게까지 구분해서 사용할 필요는 없을 것 같아요. 그리고 have a dinner라고 하면 안 되는지 궁금해하시는 분들이 계신데, 됩니다! 단, have a dinner라고 하면 그 dinner가 생일이나 결혼기념일처럼 특별한 dinner라는 느낌이 있어요. 그리고 이런 경우는 have a great dinner, have a wonderful dinner처럼 꾸며 주는 형용사를 붙여서 말해요.

have dinner
vs. have a dinner

I have dinner
with my family.

have dinner

We had a great dinner
tonight.

have a dinner

뭐? 집에 먹을 것도 없던데

What? There is nothing to eat at home.

표현

something/anything/nothing/everything + to 동사원형

to 동사원형 외에도 이 표현들은 특이하게 꾸며 주는 말이 뒤에 놓인다는 것도 알아두세요.

A: Do you have anything to do? 너 할 일 없냐?

B: Not really. I have nothing to do. 아니 별로. 할 일이 없어.

A: At least I have something to do unlike you.
적어도 너랑 달리 난 할 일이 있어.

Is there anything interesting? 뭔 재미있는 거 있어?

I want to do something different. 뭔가 다른 일을 하고 싶어.

귀찮게 하지 말고 전화 끊어. 나 TV 봐야 해.

Quit annoying me and hang up.
I need to watch TV.

표현

블로그 041

quit(그만두다, 그만하다) vs. stop(멈추다, 그만하다)

quit는 Qu[쿠] 발음을 하고 나서 it을 빠르게 발음합니다. quit, queen, quiz, quick도 마찬가지 원리로 발음하세요! 그리고 quit은 뒤에 명사 혹은 '동사-ing' 형태로 나와요. 또 하나, quit과 stop은 의미는 비슷하지만, 완전히 서로 바꿔서 사용할 수 없어요. 이런 경우는 여러분들이 자주 사용할 상황에 맞는 문장을 여러 번 읽어서 암기해 두면 훨씬 기억에 남는답니다.

Quit smoking! 담배 끊어!

(＊오랫동안 습관적으로 해 왔던 담배 피우는 습관을 완전히 멈춘 것을 의미해요.)

He stopped smoking. 그는 담배 피우는 것을 멈췄어.

(＊어떤 상황에 의해 담배 피우는 동작을 잠시 멈춘 것을 의미해요.)

You need to quit biting your fingernails. 너 손톱 물어뜯는 거 그만둬야 해.

(＊손톱을 무는 행동은 안 좋은 습관이죠. 이렇게 안 좋은 습관을 그만둘 때 stop도 사용하지만, quit이 더 자연스러워요. Quit smoking!도 같은 선상에 있죠.)

You need to stop the car! 차 멈춰!

(＊You need to quit the car! (×) - 움직임이 있는 것을 멈출 때는 stop이 자연스러워요.)

Oh, I quit my job. = Oh, I stopped working there. 아, 나 일 그만뒀어.

좀 더 자세하게 공부하고 싶다면 QR코드를 스캔해서 영상과 함께 공부하세요.

UNIT 13

**여행 조언 관련
결정적 상황과 대화**

완전
강추해.

☐ 나 야, 다낭 여행 어땠어?

☐ 너 진짜 좋았어. 음식도 너무 맛있고… 모든 게 다 싸. 완전 강추야.

☐ 나 나도 베트남 놀러 가고 싶다. TV에서도 많이 나오던데, 나 쌀국수 완전 좋아해.

☐ 너 식당 가서 먹고 싶은 거 다 시켜도 2-3만원이면 충분해. 정말 맛있고 상다리가
부러져. 참, 날씨는 확인하고 가. 너무 덥거나 우기는 피하고.

☐ 나 나도 가서 먹고 싶은 거 다 먹고 싶어!!! 네가 갔다 왔다니까, 나 더 가 보고
싶은 거지. 비행기랑 호텔은 따로 잡아서 갔어?

☐ 너 당연하지! 난 패키지 못 가잖아.
항공사마다 최저가가 있으니까 검색해 보고 예약해!

☐ 나 난, 하나하나 들어가서 확인하는 게 힘들어서.

☐ 너 너 언제 가려고? 내가 검색해 줄게.

☐ 나 나 6월 말에 휴가 내서 갈 수 있어. 6월 마지막 주에 5일 정도?

☐ 너 오케이! 내가 찾아봐 줄게. 항공료는 25만원 정도 한다. 새벽 비행기니까 호텔은
가는 날 오는 날은 공항 근처에서 잡고, 다른 날은 룩룩호텔에서 자면 딱이네!
괜찮아?

☐ 나 네가 도와주니까 일사천리다.
네가 인스타에 올린 식당들만 가서 먹고 와도 되는 거지?

☐ 너 당연하지!! 나도 또 가고 싶다.

I highly recommend it.

Me Hey, how was your Da Nang trip?

You It was really nice. The food is so good… and everything is so cheap. I highly recommend it.

Me I want to go to Vietnam too. I see it a lot on TV, and I love Pho.

You You can order everything you want at a restaurant and it still wouldn't go over 20,000-30,000 won. It's so good and the portions are huge too. But, check the weather first. Avoid hot or rainy season.

Me I want to go and eat everything I want!!! When I heard you went, it made me want to go even more. Did you book the flight and the hotel separately?

You Of course! I can't do package tours. Every airline has the lowest price so look it up and book it!

Me Checking everything one by one is so hard for me.

You When are you planning to go? I'll look it up for you.

Me I can take some time off at the end of June. Maybe the last week of June for 5 days?

You OK! I'll search it for you. The flight is about 250,000 won. You should book a hotel near the airports on the first and the last day since the flights are early in the morning, and if you stay at LOOKLOOK Hotel for the rest of the time, it would be perfect! OK?

Me You made my life so easy. It would be fine if I just go and eat at the restaurants you posted on your Instagram, right?

You Of course!! I want to go back too.

야, 다낭 여행 어땠어?

Hey, how was your Da Nang trip?

표현 영어의 호칭

친구라면 이름을 부르면 되는데, 한국어로 형, 누나, 동생, 언니를 부르
는 호칭이 영어에서는 딱히 없습니다. 물론 older brother, older sister,
younger brother, younger sister(간단하게 brother는 bro, sister는 sis라고
도 해요.)로 나타낼 수는 있지만, 대화에서는 그냥 이름을 부르는 게 일
반적이에요. 보통 남자들끼리는 man, bro, dude, buddy, pal, mate 등으
로 부르고(물론 이름을 아는 경우는 이름을 부르죠.), 여자들은 chick, gal
또는 이름을 부르는데요. 여기처럼 Hey 역시 꼭 친구한테만 쓰는 건 아
니라는 거죠. 이걸 알고 미드나 영화 장면들을 많이 보다 보면 조금씩
느낌이 올 거예요. 무작정 암기하는 건 큰 의미가 없어요.

진짜 좋았어. 음식도 너무 맛있고… 모든 게 다 싸. 완전 강추야.

It was really nice. The food is so good… and everything is so cheap. I highly recommend it.

표현 **highly recommend**: 강추하다

highly가 들어간 예문들이에요. 많이 나오는 표현이니 알아두세요.

This book is highly recommended. 이 책은 많이 강추받는 책이야.

He is highly educated. 걔 고학력자야.

He is a highly trained agent. 쟤는 고도로 훈련된 요원이야.

BTS released highly anticipated album.
BTS는 몹시 기대가 되는 앨범을 발매했어.

나도 베트남 놀러 가고 싶다.
TV에서도 많이 나오던데, 나 쌀국수 완전 좋아해.

I want to go to Vietnam too.
I see it a lot on TV, and I love Pho.

표현

want to ~: ~하는 게 좋아, ~하고 싶어

'~하고 싶다'고 할 때 want to, would like to, feel like 등 여러 표현을 생각하면서 고민하는데요. 저라면 그냥 편안하게 want to를 사용하겠어요. 비슷한 표현이 있다면 본인에게 익숙한 표현만 사용하는 게 오히려 스피킹할 땐 더 편할 수 있거든요. want to는 회화에서 wanna(워너)로 발음하는 거, 다 아시죠?

표현

블로그 042

see vs. look at vs. watch

한국어는 다 '보다'라는 의미이지만 분명히 차이가 있죠. 일단 see는 눈을 뜨고 있어서 저절로 보이는 거예요. look at은 어떤 의도나 목적을 가지고 직접적으로 보는 것을 말해요. 관찰의 의미가 강하죠. 마지막으로 watch는 look at처럼 직접적으로 보지만, 시간을 가지고 집중해서 보는 느낌이 강해요.

가령, 제가 건물 공사 현장에 있다고 칩시다. 한 남자가 땅에 구멍을 파는 것을 봤어요. 그러면 전 I saw a man digging a hole.이라고 말할 수 있어요. 그런데 이번에는 제가 그 사람이 땅을 파는 모습을 일정 시간 동안 집중하면서 살펴봤어요. 그러면 이때는 I watched a man digging a hole.이라고 말할 수 있겠죠. 그런데 옆에 있던 친구가 저한테 "야, 쟤들 봐봐!(Hey! Look at them!!) 쟤들 싸우고 있는 거 같아."라고 얘기하면 제 시선이 그쪽으로 가겠죠. 세 동사의 차이를 어느 정도 이해하셨나요? 이 설명으로도 부족하다 싶으신 분들은 QR코드를 찍어 제 블로그에 올린 내용을 꼭 확인하세요.

(어제 강남에서 친구를 우연히 봤다면)
I **saw** him at Gangnam. 나 어제 강남에서 그 애 봤어.
(* see는 집중하고 보는 느낌은 없어요. 그냥 눈에 쏙 들어온 거죠.)

Come and **look at** this picture. 와서 이 그림 좀 봐봐.
(* 관찰의 의미로 응시하고 그 사진을 보는 거예요. '~을 보다'는 꼭 look at으로 암기하세요.)

I am **watching** TV. 나 TV 보고 있어. (* 일정 시간 동안 집중해서 TV를 본다는 의미예요.)

(밖에서 다른 사람들이 말다툼하는 광경을 계속 지켜보고 있다면)
I watch **them arguing.** 나 말다툼하는 거 구경하고 있어.

You want to go see **a movie?** 영화 보러 갈래?
(* 주의: 바깥에서 영화나 공연을 보는 것은 보통 see를 써요.)

You want to watch **a movie?** (집에서) 영화 볼래?
(* watch를 쓰면 극장에 가서 영화를 본다는 느낌보다 그냥 집에서 보는 느낌이 있어요.)

식당 가서 먹고 싶은 거 다 시켜도 2-3만원이면 충분해.

You can order everything you want at a restaurant and it still wouldn't go over 20,000-30,000 won.

표현

everything you want: 네가 원하는 거 다
whatever you want라고 해도 좋습니다.

표현

go over: ~을 넘어서다, 넘다
go over 대신 한국말로 '충분하다(be enough)'를 사용해서 20,000-30,000 won is enough to get whatever you want.라고 말해도 좋아요. 또 wouldn't를 사용한 이유는 will not을 사용하면 너무 확신을 가지고 강하게 말하는 느낌이 들기 때문입니다. 따라서 이 표현은 약간 조심스럽고 부드럽게 "내 생각엔 ~하진 않을 거야" 식으로 말한 거라고 보면 됩니다.

정말 맛있고 상다리가 부러져. 참, 날씨는 확인하고 가.
너무 덥거나 우기는 피하고.

It's so good and the portions are huge too.
But, check the weather first.
Avoid hot or rainy season.

표현

the portions are huge: 상다리가 부러지다
"상다리 부러져!"라는 말을 '상(table) 다리(legs) 부러져(break)' 식으로 생각하면 콩글리시가 됩니다. 쉽게 표현하자고요. 이 말은 그만

큰 많이 준다는 얘기인 거죠? 음식점에 가면 한 사람당 제공하는 양을 portion이라고 해요. 이걸 확장해서 일반적인 음식의 양을 복수형 portions로 쓰면 돼요. 이 portion이 엄청 많다(huge)는 거니까 우리말의 '상다리가 휘어져'의 의미가 되는 것입니다.

They serve big portions. 여기 음식 정말 많이 줘.

네가 갔다 왔다니까, 나 더 가보고 싶은 거 있지.

When I heard you went, it made me want to go even more.

패턴

It makes me want to 동사원형: 그게 나 ~하고 싶게 만드네

사실 이 패턴은 It makes me ~식으로 해서 많이 쓰입니다. It makes me laugh.(그게 날 웃게 만드네.), It made me strong.(그것이 날 강하게 만들었어.) 이런 식으로요. 여기에 'want to 동사원형'이 추가돼서 더 구체적인 뜻을 나타낼 수 있게 된 겁니다. 예문으로 확인해 볼게요.

(미국에서 공부하고 온 친구가 영어를 원어민처럼 하는 것을 보고)
It makes me want to study in the States.
정말 나 미국에서 공부하고 싶게 만든다.

(친구가 복권에 당첨되었는데 자기는 집도 차도 없을 때)
It makes me want to kill myself. 아, 정말 죽고 싶게 만드네.

(남들은 다 예쁘고 화려한데 자기만 못난 거 같을 때)
It makes me want to cry. 나 정말 울고 싶게 만드네.

비행기랑 호텔 따로 잡아서 갔어?

Did you book the flight and the hotel separately?

표현

book the flight: 비행기를 예약하다

'예약하다'는 book과 reserve 둘 다 써도 무방해요. 물론 book이 비행기
나 호텔 예약할 때 더 많이 나오긴 합니다. 유용하게 사용할 수 있는 표
현들을 정리해 볼게요.

(호텔 예약할 때)
I'd like to book a room for 3 nights from Dec 2nd – Dec 5th.
12월 2일부터 5일까지 3일 동안 방을 하나 예약하고 싶어요.

(음식점 예약할 때)
I'd like to book a table for 2 at 6 p.m. tomorrow.
내일 저녁 6시에 두 사람 자리 예약하고 싶어요.

발음

동영상 **043**

separately

-tely로 끝나는 단어는 한국 사람들이 어려워하는 발음 중 하나예요.
-tely, -tly는 't'가 STOP 사운드라서 멈추고 바로 소리를 내리는 식으로
발음합니다. 따라서 separately는 [세뻐릿리] 정도로 발음이 되죠. -tely,
-tly로 끝나는 단어 중에 많이 나오는 것만 정리해서 영상으로 제작했어
요. 영상을 보면서 확실히 익혀 보세요.

당연하지! 난 패키지 못 가잖아.

Of course! I can't do package tours.

표현

동영상 044

Of course!: 당연하지!

그냥 Yeah!라고 강하게 말해도 되고, Sure! / Absolutely! / Totally! / Definitely! / Certainly! 등으로 다양하게 말할 수 있어요. 단, 상황에 따라서 우리나라 말처럼 빈정대듯이 말하게 되면, 아예 반대의 의미로 사용될 수도 있으니, 말하는 상황과 상대방의 말투를 보고 판단해야 해요. 원어민들이 상대방에게 강하게 동조할 때 사용하는 표현들을 영상으로 정리했으니 꼭 보시기 바랍니다.

특히 우리가 Of course의 동의어로 알고 있는 Sure는 문맥과 상황, 말투에 따라 느낌이 많이 달라지는데요. 그래서 Sure를 "물론!" "당연하지!" 이렇게 1:1로 매칭해서 외우는 것은 참 위험한 거죠. 그래서 Sure가 다른 느낌으로 사용되는 영상을 정리했으니 꼭 확인해서 자기 것으로 만들기 바랍니다.

(친구한테 "나 예뻐?" 하고 물으니까 친구가 빈정거리는 말투로)
Sure! 당연하지!
(* 이런 상황은 말투에 따라서… '아니거든.'의 뜻이 될 수 있겠죠.)

표현

package tour: 패키지 여행

자기가 계획해서 자유롭게 다니는 여행을 뭐라고 할까요? free tour? 땡!! free tour라고 하면 원어민들은 공짜 여행이라고 생각할 거예요. 정답은 self-guided tour예요. 그럼, 배낭여행은요? 바로 backpacking trip(travel/tour)이라고 합니다. 요즘은 여행 정보를 너무나 쉽게 얻을 수 있어서 여행사(travel agency)의 도움 없이 자유롭게 DIY(Do It Yourself: 스스로 하는 것)하는 사람들이 늘어나고 있어요.

A: Do you like package tours? 너 패키지 여행 좋아해?

B: No, not really. I like self-guided tours more.
아니, 별로. 난 자유여행이 더 좋아.

A: I agree. My backpacking trip to Europe was so good.
나도 마찬가지야. 지난번에 유럽 배낭여행이 너무 좋았거든.

항공사마다 최저가가 있으니까 검색해 보고 예약해!
Every airline has the lowest price so look it up and book it!

Airlines: 항공사

항공사 이름을 보면 Asiana Airlines, Delta Airlines, American Airlines처럼 뒤에 Airlines를 붙입니다. 물론 Korean Air, Air Canada처럼 Airlines를 안 쓰는 회사도 있고요. 참고로, '비행기'는 airplane, flight라고 하는데요. 사실 정확하게 따지면 airplane은 '비행기 동체'를 말하고, flight는 the action of plane으로 한국어로는 '항공편, 비행기로 하는 여행'을 말하는 거죠. 그래서 book a flight(비행기표를 예약하다)라고 하지 book an airplane이라고 하지는 않는 겁니다. 하지만 '비행기를 타다'라고 할 때는 take a plane, take a flight 모두 쓸 수 있어요. 아니면 간단히 fly(비행기를 타고 가다)로만 쓰기도 합니다.

I'm taking a plane to Seoul tomorrow.

= I'm taking a flight to Seoul tomorrow.

= I'm flying to Seoul tomorrow.

나는 내일 서울행 비행기를 탈 거야.

(* 캐주얼한 상황에서는 airplane보다는 plane을 더 선호합니다.)

(* 가까운 미래에 거의 확정된 일에는 현재진행형을 자주 사용합니다.)

price vs. fare vs. fee

물건 가격을 말할 때 price가 가장 일반적이긴 하지만, 교통수단을 탈 때 내는 '요금'은 fare라고 해요. bus fare(버스 요금), taxi fare(택시 요금), air fare(항공료)처럼 말이죠. 여기서도 일반적으로 사용하는 lowest price라고 할 수 있지만 비행기표 가격이니 lowest fare라고 해도 되죠. tuition fee(교육비), lawyer's fee(변호사 수임료), counselling fee(상담비)와 같이 '전문가의 도움이나 서비스에 대한 비용'은 fee를 많이 씁니다.

(여행하다가 눈에 딱 들어오는 물건이 있을 때)

What's the price? 가격이 얼마예요?

(* 주의: How much is it?이라고 하지만 How much is the price?라고 하지는 않아요.)

(변호사와 상담을 하면서)

What's the fee? 비용이 얼마죠?

Look it up!: 찾아봐!

이 표현은 주로 사전이나 인터넷, 책에서 뭔가를 찾거나 검색할 때 사용해요. 이와 비슷한 표현이 search인데요, search는 정보가 아니라 주로 사람이나 어떤 잃어버린 물건을 찾는다고 할 때 많이 사용합니다. 하지만 요즘엔 인터넷으로 정보를 찾으라고 할 때 Search for it on google!(구글로 검색해 봐.)처럼 말하는 경우가 많아요. 또 Google이 우리나라를 제외한 거의 모든 나라에서 가장 많이 사용하는 검색 엔진이라서 그냥 Google it!(인터넷 검색해 봐!)으로도 많이 씁니다.

Let's look it up in the dictionary. 사전에서 찾아보자.
I'm searching for a lost child. 난 잃어버린 아이를 찾고 있어.
I'm searching for the key. 열쇠를 찾고 있어.

너 언제 가려고? 내가 검색해 줄게.

When are you planning to go?
I'll look it up for you.

be동사 planning to 동사원형: ~할 계획이다

앞으로의 계획을 말할 때 쓰는 패턴으로, 〈be동사 planning on 명사/-ing〉도 같은 의미예요. 하지만 계획(plan)은 취소가 될 수도 있기 때문에, 이 표현은 꼭 그것을 한다는 느낌보다는 그런 생각을 강하게 한다는 느낌을 가집니다. 그래서 be going to와 비슷하지만, 확실성은 조금 떨어지지요. 예를 들면, I'm going to study abroad.가 I'm planning to study abroad.보다 좀 더 강하게 그렇게 할 거라는 느낌이 있답니다.

I'm planning to sign up for Luke's class.
나 Luke 수업에 등록할 계획이야.

I'm planning on throwing a party for Jayden's birthday in November.
나 11월에 Jayden 생일파티를 열 계획이야.

(* 이렇게 말한 시기가 9월이라고 치면, 이미 예약을 잡고 그 계획을 준비했다는 것보다는 내가 그걸 할 생각이야.(I think I'm going to do it.) 정도의 느낌인 거죠.)

Are you planning to ask her out?
너 걔한테 사귀자고 할 거야?

(* ask out은 맘에 드는 이성에게 데이트를 신청할 때 사용해요. 단순히 친구들과 어울리는 것은 hang out이죠!)

나 6월 말에 휴가 내서 갈 수 있어. 6월 마지막 주에 5일 정도?

I can take some time off at the end of June. Maybe the last week of June for 5 days?

표현

take some time off: 좀 쉬다

take ~ off는 보통 학교나 직장에서 쉰다고 할 때 많이 사용해요.

I'm planning to take next semester off to go backpacking trip to Europe.
나 유럽 배낭여행 가게 다음 학기에 쉴 계획이야.

(직장 상사에게 요즘 너무 힘들다고 말하며)
I want to take a day off sometime next week.
저 다음 주 중에 하루 정도 쉬고 싶어요.

at the end of ~: ~ 말에, 끝 무렵에

이런 표현은 그냥 여러 번 소리 내어 읽어서 암기해 주세요. 또 at the end of는 빠르게 연음으로 발음해서 상상하는 것과 다르게 들릴 수도 있습니다. 특히 of 발음이 실제 스피킹, 청취할 때 너무나 중요해서 영상으로 따로 정리를 해 봤어요. 영상을 보면서 확실히 익혀 보세요.

<u>at the end of</u> **conversation** 대화 끝부분에
<u>at the end of</u> **the class** 수업 말미에
<u>an the end of</u> **this year** 올해 말에

오케이! 내가 찾아봐 줄게. 항공료는 25만원 정도 한다.
OK! I'll search it for you.
The flight is about 250,000 won.

표현

search: 찾다, 검색하다

여기서 search는 정보를 찾는 것이니 look it up이라고 해도 좋습니다.

250,000 won

영어로 '25만(250,000) 원'을 말할 때 Two hundred (and) fifty thousand won이라고 바로 나오지 않는다면 숫자를 영어로 말하는 법을 따로 공부해야 합니다. 특히 한국 사람들은 숫자 단위를 말하는 것에 많이 약한 편이에요. 그래서 어느 정도 기본적인 암기는 필요합니다. 특히 만 원, 10만 원, 100만 원, 1000만 원, 1억 정도의 화폐 단위는 입에서 바로 튀어나올 수 있게 연습해 주세요.

만 원 – **ten thousand won** / 5만 원 – **fifty thousand won**
10만원 – **a hundred thousand won** / 50만원 – **five hundred thousand won**
100만 원 – **one million won** / 5백만 원 – **five million won**
1000만 원 – **ten million won** / 5천만 원 – **fifty million won**
1억 원 – **one hundred million won** / 5억 원 – **five hundred million won**
10억 원 – **one billion won** / 1조 원 – **one trillion won**

이 부분을 좀 더 이해하기 쉽게 제가 유튜브 영상을 제작했습니다. 꼭 보시고 영어 숫자 읽기에 대한 감을 꽉 잡아 보세요.

새벽 비행기니까 호텔은 가는 날 오는 날은 공항 근처에서 잡고,
다른 날은 룩룩호텔에서 자면 딱이네! 괜찮아?

You should book a hotel near the airports on the first and the last day since the flights are early in the morning, and if you stay at LOOKLOOK Hotel for the rest of the time, it would be perfect! OK?

표현

on the first day: 첫날에 / **on the last day**: 마지막 날에
이렇게 특정하게 지정된 날에는 on을 사용하는 게 일반적이에요. on Sunday(일요일에), on Christmas day(크리스마스 날에), on Independence Day(독립기념일에)처럼 말이죠.

표현

동영상 047

early in the morning: 이른 아침에
early와 late는 시간을 나타낼 때 매우 유용하게 사용할 수 있어요.
(약간 늦은 아침 시간)
late in the morning 아침 느지막이
(약간 빠른 저녁 시간)
early in the evening 초저녁에
(지금 시간이 5시 정도인데, 2시 정도에 이야기했던 것을 말할 때)
earlier today 아까 전에
earlier this morning 아까 오늘 아침에
early this week 이번 주 초에
(* 이건 월화 정도가 되겠죠.)
later this week 이번 주 말에
(* 이건 목금 정도가 되겠죠.)
earlier this week 이번 주 초에
(* 만약 오늘이 토요일이라면 수목 정도가 될 수도 있어요.)
later this week 이번 주 후반에
(* 만약 오늘이 월요일이라면 아마도 수목금 정도가 되겠죠.)

자! 이렇게 여러분들이 시간과 관련해서 잘 사용하지 못하는 표현들을 원어민 친구와 제가 영상으로 제작했으니, 꼭 보시길 바랍니다. 정말 큰 도움이 될 거예요.

표현

It would be perfect!: 완벽할 거야!

It would be는 매우 유용한 표현이에요. 사실, 확신하긴 하지만 가정법 구문을 이용해 좀 더 부드럽게 표현하기 위해서 would를 사용한 거예요. 참고로, perfect 대신에 wonderful, awesome, cool, fantastic, amazing 등의 표현을 넣을 수 있어요. 어떻게 표현하든 '완전 좋다'라는 의미를 전달한답니다.

네가 도와주니까 일사천리다.
You made my life so easy.

표현

~ makes my life so easy: ~은 내 인생을 정말 쉽고 편하게 만들어 줘

'일사천리'라는 한국어 표현을 가지고 영어 문장을 만들려고 했다면, 이건 정말 말도 안 되는 콩글리시가 될 겁니다. 누누이 얘기하지만 의사전달에 포커스를 맞추고 쉬운 문장으로 말하려고 하세요. 일사천  리는 그만큼 일이 쉽게, 빨리 진행되는 거니까 @ makes my life so easy 처럼 쓰는 게 좋아요. 이런 표현은 그냥 암기하세요.

(영어를 공부하는 사람이 Luke의 유튜브 채널을 접하고 나서)
This channel made my life so easy.
이 유튜브 채널을 보니까 정말 편하고 쉬워졌어.

(그래픽 디자이너가 유용한 소프트웨어를 구매하고 나서)
This software made my life so easy.
이 소프트웨어를 사용하니 정말 일사천리인걸.

네가 인스타에 올린 식당들만 가서 먹고 와도 되는 거지?
It would be fine if I just go and eat at the restaurants you posted on your Instagram, right?

패턴

It would be ~ if...: …하면 ~일 거야

사실 이 표현을 정확하게 구사하기 위해서는 가정법을 정확하게 정리할 필요가 있지만, 이 책이 문법책은 아니니까 이 용법에 대해서는 문법책을 꼭 참조하시고(가정법, 원어민들이 정말 매우 많이 사용합니다.), 전 간단하게 설명하겠습니다. 일단 이 문장에서 if 뒤의 내용이 일어날 가능성이 높으면 현재시제를, 확실치 않다면 과거시제(가정법 시제)를 사용해 주세요. 또 아직까지 일어나지 않았고 확실치 않은 것이니 will보다는 would를 사용하는 게 좋아요. will을 사용하면 좀 강한 느낌이 드니 would를 사용하세요.

It would be great if I could speak English well.
내가 영어를 잘할 수 있다면 참 좋겠다.

It would be fantastic if I could get accepted to UCLA.
내가 UCLA에 합격한다면 참 끝내줄 텐데.

It would be amazing if I could reach 100,000 subscribers.
내 유튜브가 십만 구독자에 도달하면 엄청나게 좋을 텐데.

UNIT 14

 걷기 운동 관련
결정적 상황과 대화

난 걸으면서
좋아하는 팟캐스트
듣거든.

☐ 나 너 요즘 에너지가 넘쳐 보인다. 비결이 뭐야?

☐ 너 그래? 나 지난달부터 출퇴근할 때 버스 안 타고 지하철역까지 걸어 다녀.

☐ 나 너희 집에서 지하철역까지 4 정거장 정도 되지 않아? 꽤 먼데.

☐ 너 생각만큼 안 멀더라고. 적당한 속도를 유지하면서 걸으면 대략 25분 정도 걸려.

☐ 나 그래? 생각보다 안 걸리네.
    그런데 왜 걷기 시작한 거야?

☐ 너 나이 들수록 뱃살이 나오는 것 같아서.

☐ 나 효과는 있어?

☐ 너 매일 만 보 이상 걷기 시작하고 나서는, 확실히 몸이 가벼워지고 뱃살이
    빠지는 게 보여.

☐ 나 효과 확실히 보고 있네!
    걷는 게 좋다고 하는데, 나는 너무 지루할 것 같아서.

☐ 너 난 걸으면서 좋아하는 팟캐스트 듣거든.
    그렇게 들으면서 걸으면 안 지루해.

☐ 나 나도 한번 해 볼까? 널 보니까 동기 부여가 된다.

☐ 너 처음에는 조금 힘들 수 있지만, 포기하지 않고 2주 정도 꾸준히 하면 습관이
    될 거야.

☐ 나 그래! 내일부터 당장 시작해야지.

I listen to my favorite podcast while I walk.

Me You **seem** full of energy these days. What's your **secret**?

You Really? I **stopped** tak**ing** the bus and began walking to the subway on my way **to and from work** for the past month.

Me Isn't your house 4 bus **stops away from** the subway? That's **pretty** far.

You It's **not as** far **as you think**. **It takes** about 25 mins if I **keep up a good pace**.

Me **Is that so**? That's short**er than I thought**.
But why did you start walking?

You It feels like I've **added on a few pounds** around my **stomach** as I **get** old**er**.

Me Are you seeing any results?

You Since I began walking more than 10,000 steps per day, **my body feels lighter** and I can see my stomach getting smaller.

Me **You are** really **getting some results**!
They say walking is good for you but it seems so boring.

You I listen to my favorite podcast while I walk.
You won't feel bored if you listen to something while you walk.

Me Should I **give it a try**? Seeing you is a big **motivation**.

You It will be hard **in the beginning**, but if you don't give up and continue for 2 weeks, after that it will become a habit.

Me You're right! I'**ll** start tomorrow.

너 요즘 에너지가 넘쳐 보인다. 비결이 뭐야?

You seem full of energy these days.
What's your secret?

seem 형용사: ~처럼 보여, ~인 것 같아

seem은 '~처럼 보이다, ~인 것 같다'라는 뜻으로, look도 비슷한 표현이에요. 굳이 비교하자면, look은 눈으로 보고 판단하는 것에 가깝고, seem은 여러 가지를 보고 종합적으로 판단하는 느낌이 있어요. 예문으로 그 차이를 비교해 보세요.

You look really tired today. 너 오늘 진짜 피곤해 보여.
(* 눈으로 직접 보기에도 얼굴이 정말 많이 피곤해 보이는 거예요.)

You seem really tired today.
(* 얼굴뿐만 아니라 상대방의 행동이나 모습, 말 등을 종합해서 판단해 얘기하는 거예요.)

Erin seems trustworthy. Erin은 믿을 수 있는 거 같아.

It seems (that) 주어 + 동사 / **It seems like** 주어 + 동사 /
It seems as if 주어 + 동사: ~인 것처럼 보여, ~인 것 같아

솔직히 엄밀하게 구분해서 말할 수는 있지만, 따로 구분 안 해도 큰 지장은 없으니 그냥 바꿔 쓸 수 있다고 알고 가는 게 마음 편합니다. 그래도 궁금한 분들을 위해서 It seems as if가 들어갔을 때의 차이만 따로 설명하고 넘어갈게요.

It seems as if he knows my sister. = **It seems like** he knows my sister. 그가 내 동생을 알고 있는 것 같아.
(* 그가 내 동생을 알고 있을 가능성이 있는 상황)

It seems as if he knew my sister. 그는 마치 내 동생을 아는 것처럼 보여.
(* 그가 내 동생을 전혀 모른다는 것을 내가 알고 있는데 꼭 알고 있는 것처럼 행동할 때입니다. 여기서는 현재 상황과 반대되는 내용을 쓰는 거라 가정법의 원리가 적용되고 있네요. 현재에 대한 반대 가정은 현재시제가 아닌 과거시제를 쓴다는 것, 알아두세요.)

It seems like you're catching a cold. 너 감기 기운이 있는 것 같은데.

It seems that Korea's future economy is bright.
한국 경제의 미래가 밝은 것 같아.

It seems as if everybody knows except me. 나만 빼고 다 아는 거 같은데.

secret: 비결

secret이 들어간 다음 표현도 알고 넘어가세요. 이 표현들은 뭔가를 마스터하거나 성취한 사람에게 성공의 비결을 묻거나 어떤 제품이나 브랜드가 성공하게 된 비결을 물을 때 많이 사용해요. 발음['siːkrɪt]도 주의하세요.

secret **weapon** 비밀 무기, 비장의 무기

secret **ingredient** 비결, 비밀 재료

secret **sauce** 비법, 비결, 비법 소스

What's your secret weapon/ingredient/sauce? 비결이 뭐예요?

그래? 나 지난달부터 출퇴근할 때 버스 안 타고 지하철역까지 걸어 다녀.

Really? I stopped taking the bus and began walking to the subway on my way to and from work for the past month.

표현

stop -ing: ~하는 것을 멈추다 / **stop to** 동사원형: ~하기 위해 멈추다

stop 다음에 동명사를 쓸 때와 to부정사를 쓸 때가 뜻이 완전히 달라지므로 확실하게 구분해서 알아두세요.

I stopped **using social media.** 나 SNS 끊었어.
(＊ 아예 관둔다는 느낌을 확실히 하려면 stop 대신 quit을 사용해요.)

I stopped **to give a call to my father.**
나 아버지한테 전화하려고 가던 길을 멈췄어.

표현

~ to and from work: ~해서 출퇴근하다

'~' 부분에 walk, ride, drive 등 다양한 동사 표현을 넣으면 됩니다. 일반적인 '출퇴근하다' 표현에는 get to and from work, travel to and from work 등이 있습니다.

walk to and from work 걸어서 출퇴근하다

ride to and from work 자전거 타고 출퇴근하다

drive to and from work 운전해서 출퇴근하다

너희 집에서 지하철역까지 4 정거장 정도 되지 않아? 꽤 먼데.

Isn't your house 4 bus stops away from the subway? That's pretty far.

표현

stop vs. station

보통 지하철이나 버스를 타면 "The next stop is 강남." 이런 식의 안내 방송을 들을 수 있죠? stop은 이렇게 승객이 타고 내리는 정거장(정류장)을 말해요. 그러면 subway station, train station에서 station은 뭘까요? 보통 station이라고 하면 그곳에 매표소, 화장실, 편의점 등 편의 시설을 갖춘 곳을 말해요. 따라서 bus station은 bus terminal과 같다고 생각하시면 되겠습니다.

bus stop

bus station

표현

away from ~: ~로부터 떨어진

away from은 자주 나오는 표현인데, 실제로는 잘 사용하지 못하는 분들이 많아요. 이번 기회를 통해 정리해 보겠습니다. 먼저 away는 말 그대로 '떨어진'이라는 의미이고 from은 '~로부터'니까, away from은 '~로부터 떨어진'의 의미입니다. 그러나 이렇게만 알고 있으면 말할 때 사용하기 쉽지 않죠. 예문을 통해 익혀 보겠습니다.

Get away from **me.** 나한테서 떨어져!

I live far away from **my family.** 난 가족하고 멀리 떨어져 살고 있어.

Luke lives 3 blocks <u>away from</u> **me.** Luke는 나랑 3블럭 떨어진 곳에 살아.

I'm <u>away from</u> **the office until June 1st.**
저는 현재 사무실에 없습니다. 6월 1일에 복귀합니다.

(＊ 휴가를 가서 부재중일 때, 보통 이렇게 자동으로 email을 설정해 놓죠. 참고로 until 다음에
날짜가 나오면, 대개 그날에 돌아온다는 의미입니다.)

표현

pretty: 꽤

보통 형용사 앞에 나와서 뒤에 있는 형용사를 강조하는 표현들을 intensifier
(강조어)라고 하는데요. 이번 기회에 많이 사용하는 intensifiers를 정도
의 크기 순으로 정리해 보겠습니다.

extremely 〉 really, very, so 〉 quite, pretty 〉 fairly, somewhat

"너 영어 잘한다."를 말할 때

너 영어 짱 잘한다. **Your English is** <u>really</u> **good.**

너 영어 꽤 한다. **Your English is** <u>pretty</u> **good.**

너 영어 좀 한다. **Your English is** <u>fairly</u> **good.**

(＊ 주의: 강조어 못지 않게 말투에 따라서 전달되는 느낌이 많이 달라지니 적절히 감정을 넣어서
말하는 걸 잊지 마세요.)

생각만큼 안 멀더라고.
적당한 속도를 유지하면서 걸으면 대략 25분 정도 걸려.
It's not as far as you think.
It takes about 25 mins if I keep up a good pace.

패턴

not as ~ as you think: 네 생각만큼 ~하지 않은

이 표현은 상대방이 생각하는 것과 다를 때 사용할 수 있는데요, 활용도
가 높아 패턴으로 기억하면 좋아요. 예문을 통해 정리해 보세요.

This is <u>not as</u> **expensive** <u>as you think.</u> 이거 네 생각만큼 비싸지 않아.

Speaking English is <u>not as</u> **hard** <u>as you think.</u>
네가 생각하는 것만큼 영어 스피킹이 어렵지 않아.

That place is <u>not as</u> **good** <u>as you think.</u> 그곳은 네 생각만큼 좋지 않아.

He is <u>not as</u> **smart** <u>as you think.</u> 걔 네가 생각하는 것만큼 똑똑하지 않아.

패턴

It takes ~: ~이 걸려

너무나 많이 사용되는 패턴이죠. 보통 시간이 얼마 걸릴 때도 사용하지만 시간 외에 다른 경우에도 사용해요. 예문으로 정리해 볼게요.

It took 3 years to understand English movies without subtitles.
영화를 자막 없이 이해하는 데 3년이 걸렸어요.

It takes guts to speak in public.
많은 사람들 앞에서 발표하려면 용기가 필요해요.

표현

keep up a pace: 페이스를 유지하다

pace는 스스로 결정하는 스피드예요. keep up이 계속해서 같은 속도로 유지한다는 말이니 결국 keep up a pace는 '적당한 페이스를 유지하다'의 뜻이죠. 운동 외에 다양한 예에서 쓰입니다.

(올림픽에 출전하는 선수에게 코치가)
If you can keep up that pace, you might be able to break the world record. 계속 그 페이스 유지하면, 세계신기록을 달성할 수도 있겠어.
(*break the record: 신기록을 달성하다)

(직장을 다니면서 학업을 병행하는 사람이)
I just can't keep up the pace with work and school together.
나 도저히 학교 다니는 거랑 일하는 걸 같이 하기 힘들어.

그래? 생각보다 안 걸리네. 그런데 왜 걷기 시작한 거야?

Is that so? That's shorter than I thought.
But why did you start walking?

패턴

비교급 than I thought: 생각보다 더 ~한

여기서 than I thought를 than I expected로 바꿔 말할 수도 있어요. That's shorter than I thought.를 바로 앞에서 설명한 not as ~ as I think 패턴으로 바꾸면 That's not as long as I thought.가 됩니다. 참고로 far는 거리가 멀 때 사용하고, long은 길이나 시간을 나타낼 때 사용해요.

This place is bigger than I thought. 여기 생각보다 더 크네.
The test was easier than I thought. 시험이 생각보다 쉬웠어.

Is that so?: 정말로?, 진짜?

놀라서 '그래?' 하는 느낌으로 말투를 올려 주셔야 해요. 비슷한 표현으로 Really? / Are you sure? / For real? / Are you serious? 등이 있어요.

That's shorter than I thought.: 생각보다 안 걸리네.

이 문장은 더 간단하게 That's not too bad.로 바꿔 말할 수도 있어요. '그렇게 나쁘지 않은데.' 정도의 느낌이죠.

나이 들수록 뱃살이 나오는 것 같아서.

It feels like I've added on a few pounds around my stomach as I get older.

add on a few pounds: 살이 찌다

'살이 찌다'는 표현은 이 외에도 put on a few pounds, put on some weight, gain some weight 등이 있어요.

표현

stomach: 배

'배'는 보통 stomach, belly 또는 tummy라고 해요. 그러면 '똥배'는 뭐라고 할까요? 보통 beer belly, beer gut, pot belly라고 하죠. 그리고 '옆구리살, 허리의 군살'은 love handles, muffin top과 같이 익살스럽게 표현해요. 옆의 사진을 참조하세요.

표현

get + 비교급: 더 ~해지다

get은 상태의 변화를 나타내는 동사입니다. 또한 그런 상태의 변화가 현재 진행 중일 때 'be동사 getting + 비교급'으로 표현합니다.

I'm getting better. 난 더 나아지고 있어.

(좀 더 강조하면)

I'm getting better and better. 난 점점 더 나아지고 있어.

Your English is getting better. 네 영어 실력이 점점 더 좋아지고 있네.

효과는 있어?

Are you seeing any results?

표현

effective(효과적인, 효과가 있는) vs. efficient(능률적인, 효율적인)

'효과가 좋은' 하면 effective나 efficient가 떠오르시나요? 좋아요! 잘하셨어요. 그래서 이 상황에서는 사실 Is it effective?라고 해도 돼요. 하지만 Is it efficient?는 약간 어색합니다. 그 이유는 efficient가 보통 과정을 말하는 것이고, effective는 결과를 말하기 때문이에요. 더 쉽게 정리해 볼게요. 시간, 돈, 에너지, 노력 등을 많이 줄이는 데 효과적인 것은 efficient를, 어떤 목표를 쉽게 달성하도록 도와주거나 효과적인 것은 effective를 쓴답니다. 그리고 effective는 사람에게는 잘 쓰지 않지만, efficient는 사람과 사물 모두에 쓸 수 있어요.

Do you think it is effective? 그게 효과가 있는 것 같아?

She is an efficient worker. 그녀는 (시간과 돈을 아끼면서) 효율적으로 일해.

발음

동영상 **048**

result

이 발음을 잘 못하시는 분들이 많습니다. 그래서 제가 비슷하게 헷갈리는 resort와 함께 어떻게 발음하는지 영상으로 만들었으니 발음을 확인하고 꼭 연습하세요.

매일 만 보 넘게 걷기 시작하고 나서는, 확실히 몸이 가벼워지고 뱃살이 빠지는 게 보여.

Since I began walking more than 10,000 steps per day, my body feels lighter and I can see my stomach getting smaller.

표현

My body feels lighter: 몸이 가벼워지다

I feel lighter를 쓸 수도 있지만, 이 표현은 보통 큰 부담이 없어지고 마음의 평화를 찾았을 때 사용해요. 따라서 대화에서처럼 단순히 '몸이 가벼워지다'의 의미일 때는 My body feels lighter 를 쓰는 게 더 맞습니다.

효과 확실히 보고 있네!

You are really getting some results!

표현

You're getting some results!: 효과 확실히 보고 있네!

이 표현은 It's really working.으로 바꿔 쓸 수 있어요. 여기서 work는 '효과가 있다'는 의미예요.

Imitation technique really works.
원어민을 따라하는 기술(imitation technique)은 정말 효과 있어.

걷는 게 좋다고 하는데, 나는 너무 지루할 것 같아서.

They say walking is good for you but it seems so boring.

패턴

They say (that) 주어 + 동사: ~라고 하잖아요

내 생각이 아니라 일반 사람들이 하는 말을 얘기할 때 써요. They 대신 People을 쓸 수도 있어요.

They say "Money can't buy happiness."
사람들은 "돈이 행복을 살수 없다"고 말하죠.

They say that you shouldn't judge a book by its cover.
사람들은 겉모습만 보고 사람을 판단하면 안 된다고 말해요.

난 걸으면서 좋아하는 팟캐스트 듣거든.
그렇게 들으면서 걸으면 안 지루해.

I listen to my favorite podcast while I walk.
You won't feel bored if you listen to something while you walk.

발음

won't

will not을 보통 축약해서 won't라고 발음해요. won't는 [우오운트] 정도 에서 '오' 부분을 좀 강하게 발음해 주시면 됩니다. 영상을 보면서 확실 히 익혀 보세요

동영상 **049**

나도 한번 해 볼까? 널 보니까 동기 부여가 된다.

Should I give it a try? You are a big motivation.

표현

give it a try: 시도하다

'시도하다'는 간단히 try를 쓰기도 하지만, give it a try / give it a go / give it a shot 등으로 다양하게 표현합니다.

표현

motivation(동기 부여) **vs. inspiration**(감화, 영감)

이 두 표현은 원어민들도 많이 헷갈려하는데요. 정리하자면 먼저 motivation은 motive(동기, 이유)에서 나온 표현이에요. 어떤 일을 하는데 그것을 하는 목적이 확실하다면 motivation을 주는 거죠. 반면에 inspiration은 'in-내부, spirit-영혼, 정신', 즉 내부에서 마음이 움직이는 느낌이에요. 즉, motivation은 외부 상황이나 환경에 의해 자극을 얻는 것이고, inspiration은 나 자신의 내부 자극에서 얻는 것을 말해요. 그래서 우리가 멋진 연설을 듣거나, 좋은 책을 읽고 감명을 받았을 때는 I'm really inspired.(난 정말 영감을 받았어.)라고 말할 수 있어요. 비슷한 듯하지만 그 차이가 느껴지시나요? 여기서 나의 목적은 살을 빼는 것이니 motivation을 쓰는 게 적절합니다.

처음에는 조금 힘들 수 있지만, 포기하지 않고 2주 정도 꾸준히 하면 습관이 될 거야.

It will be hard in the beginning, but if you don't give up and continue for 2 weeks, after that it will become a habit.

표현

in the beginning: 처음에는

이 표현은 단독으로 많이 쓰여요. 이와 비슷한 것으로 at the beginning 이 있어요. 이 표현은 'at the beginning of 명사'의 형태로 많이 쓰이긴 하지만, at the beginning도 단독으로 종종 쓰이니 알아두세요. 그리고 전치서 in을 쓰느냐 at을 쓰느냐는 큰 차이가 없으니 입에 척 달라붙는 표현을 사용하시면 됩니다.

at/in the beginning **of the speech** 연설 시작 부분에

at/in the beginning **of the book** 책 초반부에

at/in the beginning **of this semester** 이번 학기 초에

그래! 내일부터 당장 시작해야지.

You're right! I'll start tomorrow.

표현

동영상 **050**

will vs. be going to

이 두 표현의 차이를 간단히 정리하면, will은 순간적으로 뭔가를 결정할 때 사용하고, be going to는 미리 계획을 한 경우에 사용합니다. 그런데 사실 이 구분이 뚜렷한 걸까요? 이 부분에 대해서는 제가 매우 감명 깊게 본 영상을 통해서 정리해 보세요.

UNIT 15

 주식 투자 관련
결정적 상황과 대화

내 주위에 주식으로 돈 번 사람은 네가 유일무이하다.

☐ 나 나 오늘 주식으로 30만 원 벌었어. 내가 커피 쏠게.

☐ 너 이야, 내 주위에 주식으로 돈 번 사람은 네가 유일무이하다.

☐ 나 내가 종목 추천해 줄 테니까 너도 같이 할래?

☐ 너 야, 우리 부모님이 (내가 주식하는 거) 아시면 집에서 쫓아낼걸. 대학 다닐 때 친구 돈 빌려서 주식했거든. 결국 반 토막 나서, 1년 휴학하고 열나게 일해서 갚았잖아. 그 돈 다시 모으느라 정말 일 열심히 해야 했다고.

☐ 나 너희 부모님 대단하시다. 너한테 땡전 한 푼 안 주셨으니!

☐ 너 쫓아내지 않은 것만으로도 감사하지 뭐.

☐ 나 그래서 주식 다시 안 할 거야?

☐ 너 응, 안 할 것 같아. 하고 싶은 생각도 드는데, 이상하게 내가 선택한 종목은 아무리 주식시장이 좋아도 항상 폭락하더라고.

☐ 나 그러니까 내가 추천해 준다니까.

☐ 너 아냐, 됐어. 난 그냥 안전하게 계속 저축할래.

You are the only person I know who made money in stocks.

Me   I earned 300,000 won in stocks today. Coffee's on me.

You   Wow, you are the only person I know who made money in stocks.

Me   Why don't you join me? I'll give you some recommendations.

You   My parents will kick me out if they find out. I invested with my friend's money in college. When I lost half of it, I had to take a year off and worked my butt off to pay it back. I had to work so much to save up that money again.

Me   Your parents are so tough on you. They didn't give you a single penny!

You   I'm just grateful they didn't kick me out.

Me   So you're never going to invest again?

You   No, I don't think so. I still want to do it, but when I invest in something, it always crashes no matter how good the stock market was doing.

Me   So you should let me give you some recommendations.

You   No thanks. I just want to keep it safe and keep saving money.

나 오늘 주식으로 30만 원 벌었어. 내가 커피 쏠게.

I earned 300,000 won in stocks today.
Coffee's on me.

표현

블로그 051

earn money vs. make money

earn은 자신의 노력, 시간을 투자해서 뭔가를 얻을 때 사용해요. 그래서 earn money는 열심히 노력해서 돈을 버는 느낌이 강하죠. 반대로 make money는 과정보다는 결과에 포커스를 맞춘 겁니다. 하지만 실제 스피킹에서는 비슷한 의미로 사용하니 너무 지나치게 분석할 필요는 없어요. 관련해서 '벌어먹고 살다, 생계를 꾸리다'는 make a living / earn a living, '밥벌이로'는 for a living을 쓴답니다. 이 외에 '힘들게 살다', '손가락 빨다' 등 돈과 관련된 다른 표현들이 궁금하시면 QR코드를 스캔해서 블로그에 정리한 내용들을 읽어 보세요!

I want to be a YouTuber. Can I make a living at it?
나 유튜버가 되고 싶어요. 그걸로 먹고 살 수 있을까요?

I drive for a living. 전 운전해서 먹고 살아요.

표현

stocks: 주식

주식과 관련해서 '주주'는 stockholder / shareholder, '주식시장'은 stock market이라고 해요. '상승장'을 bull market(황소가 뿔을 위로 찍어 올리는 모양새)이라고 하고, '하락장'을 bear market(곰이 손을 아래로 내려 찍는 모양새)이라고 하죠. '개미(개인) 투자자'는 small investor, retail investor, individual investor라고, '기관 투자자'는 institutional investor, '외국인 투자자'는 foreign investor라고 합니다. '시가 총액'은 market cap이라고 하고요. 이 정도는 상식으로 알고 계세요.

표현

Coffee's on me.: 내가 커피 쏠게.

식당이나 카페에 가서 "내가 낼게."라는 말은 It's on me!를 가장 많이 사용해요. 간단하게 My treat.라고도 하죠. 그리고 계산서를 집어 들고는 약간의 허세를 부리며 I got this.라고 말하기도 한답니다.

이야, 내 주위에 주식으로 돈 번 사람은 네가 유일무이하다.

Wow, you are the only person I know who made money in stocks.

패턴

You're the only person who ~:
네가 ~한 유일한 사람이야, ~인 사람은 너밖에 없어

You're the only person who understands me.
네가 유일하게 나를 이해해 주는 사람이야.

You're the only person who knows about this.
너 말고는 이걸 아무도 몰라.

You're the only person who can help me.
날 도와줄 수 있는 사람은 너밖에 없어.

You're the only person who doesn't like English.
너만 유일하게 영어를 안 좋아한다고.

내가 종목 추천해 줄 테니까 너도 같이 할래?

Why don't you join me?
I'll give you some recommendations.

패턴

Why don't you 동사원형?: ~하는 건 어때?, ~해 봐
Why don't you를 쓸 때와 Why don't we를 쓸 때가 느낌이 살짝 달라요.
상대방에게 (너 혼자) ~하는 게 어떠냐고 말할 때는 Why don't you ~?
를 쓰고요, 같이 하자고 권유할 때는 Why don't we ~?를 쓰면 돼요. 이
외에 How about ~?을 사용해도 같은 의미를 전달합니다.

Why don't you start your own business? 한번 네 사업 시작해 봐!

Why don't you talk to him? 걔한테 말 좀 해 봐.

Why don't we study English together? 같이 영어 공부하는 건 어때?

Why don't we go for a walk? 같이 산책하러 갈까?

표현

join: ~에 참여하다, ~와 같이 하다

join 다음에는 전치사 없이 바로 대상이 나와요. with를 붙이는 분들이 종종 있는데 틀린 표현이니 주의하세요.

I want to join this group. 나 이 그룹에 참여하고 싶어요.

Would you like to join us? 같이 할래요?

(＊ Do you want to join us?보다 정중한 표현)

(TV 프로에서 게스트에게)

Thank you for joining us. 참여해 주셔서 감사합니다.

야, 우리 부모님이 (내가 주식하는 거) 아시면 집에서 쫓아낼걸.

My parents will kick me out if they find out.

표현

kick out: 쫓아내다, 내몰다

일상에서 종종 사용하는 표현인데요, 구구절절한 설명보다 아래 몇 개 상황을 보면 바로 느낌이 올 거예요.

(학교에서 애들 돈 뺏다가)

I just got kicked out of school. 나 방금 학교에서 잘렸어.

(축구경기 중 난동 부리다가)

I got kicked out of the stadium. 나 경기장 밖으로 쫓겨났어.

(몰래 담배 피우다가 들켜서)

My parents kicked me out. 부모님이 날 내쫓으셨어.

대학 다닐 때 친구 돈 빌려서 주식했거든.

I invested with my friend's money in college.

표현

with my friend's money: 내 친구 돈으로

이 말은 I borrowed some money from my friend and put it into stocks.로 풀어서 쓸 수도 있어요.

표현

in college vs. at college

in college는 '대학 다닐 때'라는 의미로 대학에 내 몸이 위치하고 있다는 느낌보다는 거기에서 공부했다는 것에 포커스가 있어요. 반면, at college는 몸이 대학에 위치하고 있다는 의미가 됩니다. 이는 in school vs. at school에도 똑같이 적용된답니다. 예문을 통해서 확인해 보세요.

I majored in economics in college.
난 대학에서 경제학을 전공했어요.

I'm still at college. I'll be right there.
나 지금 아직도 학교(대학교 내)에 있어. 곧 갈게.

결국 반 토막 나서, 1년 휴학하고 열나게 일해서 갚았잖아.

When I lost half of it, I had to take a year off and worked my butt off to pay it back.

표현

take a year off: 1년 쉬다

보통 학교나 직장에서 일정 기간 쉰다고 할 때 사용합니다.

I've decided to take a year off from school. 1년 휴학하기로 결정했어요.
I want to take a month off from work. 한 달 휴직하고 싶습니다.
I took a day off today. 나는 오늘 하루 휴가를 냈어.

표현

work my butt off: 열심히 일하다, 뼈 빠지게 일하다

열심히 일한다고 하면 I work hard. / I work really hard.를 많이 씁니다. 하지만 이번에는 원어민들이 많이 사용하는 work my butt off, work my ass off를 알려 드릴게요. 사실, ass와 butt는 '엉덩이'를 의미하는 slang(속어)으로 실제 대화에서 많이 사용해요. 하지만 직장이나 격식을 차려야 하는 상황에서는 사용하지 않도록 하세요. 영어도 누구와 대화

하느냐에 따라서 사용하면 안 되는 무례한 말들이 있답니다. ass와 butt
가 그중 하나죠. 영어든, 한국어든 속어를 남발하면 사람이 저급해 보일
수밖에 없어요. 특히 영화, 미드, 시트콤으로 공부하신 분들은 이런 부
분에 각별히 주의해야 합니다.

그 돈 다시 모으느라 정말 일 열심히 해야 했다고.
I had to work so much to save up that money again.

표현

save vs. save up
'돈을 모으다'라고 하면 save가 생각이 나죠. 여기에 up을 붙여도 이 상
황에서는 의미가 변하지 않아요. 단지, up을 쓰면 시간이 지나면서 조
금씩 모으는 느낌을 더 강조하지만 그렇게까지 따져서 쓰진 않아요.
(여기서는 1년 동안 일하면서 조금씩 모은 거죠.) 하지만 save 대신 save up
을 쓰면 어색한 경우도 있어요. 바로 save가 '아끼다, 절약하다'의 의미
일 때입니다. 예문으로 확인하세요.

You can save some money with this coupon.
이 쿠폰을 사용하면 돈을 좀 절약할 수 있어.
(* 여기서 save는 '저축하다'가 아니라, '아끼다, 절약하다'의 의미라서 save up은 어색해요.)

They use cheap material to save money.
그들은 비용 절감을 위해 값싼 재료를 사용해.
(* 같은 이유로 여기서도 save up을 사용하면 어색하죠.)

너희 부모님 대단하시다. 너한테 땡전 한 푼 안 주셨으니!

Your parents are so tough on you.
They didn't give you a single penny!

표현

tough on ~: ~에게 엄한, 힘든

꽤 많이 나오는 표현인데, 어떨 때 사용되는지
상황을 통해서 확실히 알아두세요.

(전학한 첫날, 아이들이 무거운 표정으로 돌아왔을 때)
The first day of school is tough on all my kids.
학교 첫날이라 우리 애들이 힘들구나.

(Jane이 도시에서만 살다가 결혼 후 시골에서 생활해야 하는 상황에서)
**Are you really getting married to Jane? It's going to be tough on
Jane.** 정말 Jane과 결혼하는 거예요? Jane에게 힘들 텐데.

(수능을 망친 딸이 전화해서 울자, 같이 있던 친구에게)
I should go check on her. Today's been tough on her, obviously.
나, 가서 좀 보고 와야 할 것 같아. 오늘 정말 시험 때문에 힘들었을 텐데.

(＊ 여기서 check on ~은 '~가 괜찮은지 확인하다'라는 의미예요. obviously는 앞에 말을 강
조할 때 사용할 수 있어요.)

표현

single penny: 땡전 한 푼

penny(1센트)는 돈이라고 하기엔 너무 적죠. 그
런데 그것도 없다고 하면 정말 땡전 한 푼 없
는 거겠죠. penny가 들어간 표현 중에 penny

pincher가 있는데요, 이것은 '정말 돈을 아껴 쓰
는 사람' 즉, '구두쇠, 짠돌이, 짠순이'를 말해요. 긍정과 부정의 의미로
둘 다 사용 가능해서, 이 표현이 나오면 문맥을 통해 확인하는 게 좋습
니다. 반면에 scrooge는 정말로 지독한 구두쇠를 말하며 보통 못마땅한
의미로 사용한답니다. 짠돌이를 말하는 표현으로 다음 문장들도 알아
두세요.

I don't have a single penny. 나 땡전 한 푼 없어.

He's so cheap. 그는 정말 짜!
(＊ 정말 지독한 구두쇠한테 말할 수 있어요.)

I'm broke. 나 돈 한 푼 없어.
(＊ 강조어 flat, totally를 넣어서 I'm flat broke. 또는 I'm totally broke.라고 말하기도 해요.)

쫓아내지 않은 것만으로도 감사하지 뭐.

I'm just grateful they didn't kick me out.

표현

grateful: 감사하는

이 표현은 보통 formal한 상황에서 정중하게 말할 때 많이 사용합니다. 보통 일상 대화에서는 I appreciate it.을 많이 사용하죠. 더 캐주얼하게는 짧게 Thank you. / Thanks.를 쓰면 된답니다.

(정중함) **Thanks, I'm really grateful.** 감사합니다. 정말 감사드려요.

(일상 대화) **Thanks, I really appreciate it.**

(정중함) **I'm grateful for everything you've done.**
절 위해 베풀어 주신 모든 호의에 감사드립니다.

(일상 대화) **I appreciate everything you've done.**

응, 안 할 것 같아.

No, I don't think so.

표현

부정의문문에 대한 대답

여기서 No, I don't think so.라고 하면 상대방이 "~ 안 해?"라고 물어보더라도 영어로는 안 한다는 말이에요. 정말 헷갈리기 쉬운 부분이니 연습을 통해 익히세요!

Don't enjoy this class? 이 수업 좋아하지 않아?

No, I don't. 응, 좋아하지 않아.

Do you enjoy this class? 이 수업 좋아해?

No, I don't. 아니, 좋아하지 않아.

(* 결국 Do you enjoy this class?로 질문하는 것과 똑같이 대답하면 되는 거죠.)

하고 싶은 생각도 드는데, 이상하게 내가 선택한 종목은 아무리 주식시장이 좋아도 항상 폭락하더라고.

I still want to do it, but when I invest in something, it always crashes no matter how good the stock market was doing.

패턴

No matter how ~: 아무리 ~해도, 아무리 ~할지라도

이 패턴은 no matter who(누가 ~할지라도), no matter where(어디에서 ~ 할지라도), no matter what(무엇을 ~할지라도)으로 응용이 가능해요. 단, how 뒤에는 형용사나 부사가 와요. 일단 이것도 이전에 이미 알아보았 으니까 간단하게 정리하겠습니다.

No matter how tough it is, I will get over this.
아무리 어려워도 난 이걸 극복할 거야.

No matter how much it costs, I will be a doctor.
아무리 돈이 많이 들어도, 난 의사가 될 거야.

No matter how hard you try, you can't please everyone.
네가 아무리 노력해도, 모든 사람들을 만족시킬 순 없어.

No matter where you go, I will be watching you.
네가 어디를 가더라도, 난 널 지켜볼 거야.

표현

crash: 폭락하다

crash에는 꽝! 하고 부서지고, 깨져서 아래로 내려가는 느낌이 있어요. crash가 들어가는 표현 중에 종종 나오는 것들을 이번 기회에 알아두세 요. 일단 car crash(자동차 충돌사고), plane crash(비행기 추락사고)가 있 어요. 또 주식시장이 폭락할 때는 stock market crash(주식시장 붕괴), 기 름 값이 팍 떨어질 때는 oil market crash(석유시장 붕괴)라고 하지요. 참 고로, 짧은 시간에 많은 것을 벼락치기식으로 가르쳐 주는 과정을 crash course(단기 속성 강좌)라고 한답니다. 이 밖에 crash가 들어간 예문 몇 가지 더 소개합니다.

(컴퓨터나 시스템이 갑자기 작동되지 않을 때)
My computer crashed. 내 컴퓨터가 다운됐어.

The system crashed. 시스템이 다운됐어.

Can I crash at your place tonight? 오늘 너희 집에서 자도 돼?

(* crash는 집 말고 다른 곳에서 '자다, 숙박하다'라는 의미로도 쓰여요.)

그러니까 내가 추천해 준다니까.

So you should let me give you some recommendations.

패턴

You should ~: ~해야 해, ~하는게 좋겠어

상대방에게 조언하거나 가볍게 충고할 때 많이 사용해요. have to만큼 강한 느낌은 아니지만, 원어민들에게는 강하게 느껴지기도 해서 좀 더 부드럽게 전하려면 I think you should ~ 또는 Maybe you should ~ 식으로 많이 말합니다.

아냐, 됐어. 난 그냥 안전하게 계속 저축할래.

No thanks. I just want to keep it safe and keep saving money.

표현

keep it safe: 그것을 안전하게 유지하다, 보존하다

it 자리에 you를 넣어 keep you safe라고 하면 '너를 안전하게 하다'라는 의미가 됩니다.

(자신의 안전을 걱정하는 친구에게)
Don't worry. I'll keep you safe! 걱정 마. 내가 널 안전하게 지켜줄게!

UNIT 16

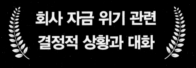

회사 자금 위기 관련
결정적 상황과 대화

회사에 문제가 생겨서 월급이 다음 달에 나온대.

- [ ] 나 나 돈 좀 빌려줄래? 다음 달에 꼭 갚을게.
- [ ] 너 돈? 얼마나 필요한데?
- [ ] 나 한 50만 원 정도?
- [ ] 너 50만 원? 왜? 어디다 쓰려고?
- [ ] 나 월세 내야 하는데, 회사에 문제가 생겨서 월급이 다음 달에 나온대.
- [ ] 너 야! 월급도 제때 안 주는 회사면 문제 있는 거 아냐?
       다음 달에도 월급 안 들어오면 어떡하려고?
- [ ] 나 솔직히 나도 걱정이야.
       다 회사 형편이 썩 안 좋은 거 아니까.
- [ ] 너 네가 너무 착하고 우유부단하니까 사람들이 얕보는 거야.
       넌 지금 월세가 없어서 나한테 돈 빌리는데.
- [ ] 나 그러게, 그래도 사장이 그렇게 악덕 사장은 아니야.
- [ ] 너 직원 돈 못 줄 거면, 가진 외제차들이라도 팔아서 줘야지!
       다음 달에도 월급 못 받으면 서류 준비해서 노동청에 신고해.
       이직 준비도 같이 하고!
- [ ] 나 웅! 알았어. 월급 들어오자마자 꼭 갚을게. 고맙다.

There is some issue at work so I'm getting paid next month.

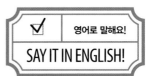

Me   Can I borrow some money? **I promise** I'll pay you back next month.

You   Money? How much?

Me   About **500,000 won**?

You   500,000 won? Why, what is it for?

Me   I need to pay my rent but there is some issue at work so I'm getting paid next month.

Me   Hey! Don't you think there's a problem at your company if they can't even pay you on time? **What if** you don't get paid next month too?

Me   I'm worried about that too.
Everyone knows the company is not doing so great.

You   You know, people take advantage of you because you're too nice and indecisive. You're here borrowing money from me because you can't pay your rent.

Me   Yeah, but my boss is not a terrible guy.

You   If he can't pay his employees, he should sell all his luxury cars and use that money to pay them. If you don't get your paycheck next month, prepare the paperwork and report him to the Ministry of Employment and Labor. And start looking for another job!

Me   Yes! I know. I'll pay you back as soon as I get my paycheck. Thanks.

나 돈 좀 빌려줄래?

Can I borrow some money?

borrow와 lend를 헷갈리지 마세요!
borrow는 '(돈을) 빌리다', lend는 '(돈을) 빌려주다'입니다. 그래서 이 말은 Can you lend me some money?로 바꿔 쓸 수 있어요. 그럼 돈을 빌려주거나 빌리는 loan(대출)은 어떻게 사용될까요? 보통 은행에서 '대출하다'는 말은 take out a loan을 씁니다. loan(대출)을 받으면 갚아야 할 빚(debt)이 생기는 거죠. 그래서 대출한 돈을 갚을 때는 pay off the loan / pay back the loan / pay off the debt / pay back the debt라고 합니다. 단, pay off는 '완전히 다 갚다'의 의미입니다. 하나 더 추가해서, mortgage(담보 대출)는 은행에서 집을 사기 위해서 받는 대출을 말합니다.

I got a mortgage on the house. 나 주택담보 대출 있어.
(* 집을 사려고 담보 대출을 받았다는 말이에요.)

다음 달에 꼭 갚을게.

I promise I'll pay you back next month.

I promise to 동사원형 / I promise (that) 주어 + 동사: ~한다고 약속할게
한국말로는 '약속할게'라고 하지 않고 '~할게'라고 말하는 경향이 있어서 문맥을 살펴보셔야 해요. I promise ~는 무언가를 꼭 하겠다는 매우 강한 약속을 의미해요. 따라서, 친구하고 만날 약속에는 사용하지 않고요. 보통 중요한 약속이나 상대방을 안심시키면서 다짐하듯이 말할 때 많이 사용합니다. I promise. 단독으로도 많이 쓴답니다.

I promise to **do my best.** 최선을 다한다고 약속할게.

I promise **I won't tell anyone.** 아무한테도 말 안 할게.

(친구가 음식점에서 뭘 주문할지 고민할 때 자신 있게 권하면서)

I promise **you will love it.** 네가 정말 좋아할 거야.

(* 이때는 '장담하다'의 의미로 쓰였어요.)

(중요한 발표를 앞두고 친구에게 도움을 요청할 때)

A: Look! I got a very important presentation next week. Please help me out.
야! 나 다음 주에 정말 중요한 발표가 있어. 제발 좀 도와줘.

B: Don't worry. I will help you. I promise.
걱정 마! 내가 도와줄게. 약속해.

(정말 바보 같은 짓을 한 아들에게)

Mom: Promise **me that you won't do anything stupid like that.**
그런 바보 같은 행동 안 한다고 약속해!

Son: Yes, Mom! I promise.
네, 엄마! 약속할게요.

The company promised **me a 10% pay raise next year.**
회사가 내년에 급여를 10% 올려 준다고 약속했어.

참고로, 친구와의 약속은 plans를 써서 말합니다. 덧붙여 의사, 변호사, 교수, 고객과의 중요한 약속은 appointment를 사용하지요. 이 내용들을 좀 더 확장하고 싶으신 분들은 QR코드를 스캔해 블로그에 정리한 내용을 읽어 보세요!

A: You want to have dinner tonight?
오늘 같이 저녁 먹을래?

B: Sorry, I already have dinner plans **with Luke.**
미안. 나 이미 Luke랑 저녁 약속 있어.

I have a dentist appointment **on Thursday morning.**
나 목요일 오전에 치과 예약이 있어.

돈? 얼마나 필요한데?
Money? How much?

━━━━━
표현

How much?: 얼마나 필요한데?

"얼마나 필요한데?"는 How much do you need?입니다. 하지만 우리가 한국어로 "얼마나?"라고 해도 충분히 알아듣는 것처럼, How much?라고만 말해도 전혀 문제없답니다.

한 50만 원 정도?
About 500,000 won?

━━━━━
표현

동영상 **053**

화폐 단위와 숫자 읽기

돈의 단위는 입에서 바로 튀어나올 정도가 되어야 해요! 그러기 위해선 숫자를 영어로 말하는 법을 공부해야 한다고 했죠? 말하는 훈련을 꼭 하세요! 그리고 이와 관련해 큰 단위 숫자가 나오면 제대로 못 읽는 분들을 위해 숫자를 좀 더 쉽게 읽을 수 있도록 영상을 준비했습니다. QR 코드를 찍어 확실히 익히세요.

won   dollar

오만 원 – 50,000 won (fifty thousand won)

오십만 원 – 500,000 won (five hundred thousand won)

오백만 원 – 5,000,000 won (five million won)

오천만 원 – 50,000,000 won (fifty million won)

오억 원 – 500,000,000 won (five hundred million won)

오십억 원 – 5,000,000,000 won (five billion won)

달러의 개념도 어느 정도 잡고 가면 좋아요. (편의상 환율을 1 dollar당 1,000 won으로 정할게요.)

백만 원 – **1,000 dollar**

천만 원 – **10,000 dollars**

1억 원 – **100,000 dollars**

10억 원 (= one million dollars) – **1,000,000 dollars**
(* 원어민들이 millionaire라고 할 때는 10억 원 이상의 자산가를 말합니다.)

1조 원 (= one billion dollars) – **1,000,000,000 dollars**
(* 정말 초대박 부자들을 나타내는 billionaire!)

50만 원? 왜? 어디다 쓰려고?
500,000 won? Why, what is it for?

표현

What ~ for?: 뭐 때문에/왜 ~한 거야?

이유를 묻는 표현이에요. 이 표현은 암기보다는 아래 예문들로 정리하는 게 훨씬 이해하기가 쉬워요.

What did you do that **for?** 그거 왜 한 거야?

What is this tool **for?** 이 도구는 어디에 사용하는 거야?

A: I decided to quit my job. 나 일 그만두기로 했어.

B: What for? 뭐 때문에?

월세 내야 하는데, 회사에 문제가 생겨서 월급이 다음 달에 나온대.
I need to pay my rent but there is some issue at work so I'm getting paid next month.

표현

some: 어떤, (알지 못하는) 무슨

some issue에서 some은 정확하게 뭔지를 모를 때 '어떤, (알지 못하는) 무슨' 정도의 의미로 사용해요. 그래서 이유를 모를 때 for some reason(무슨 이유인지는 잘 모르겠지만)을 유용하게 사용할 수 있어요. 또 some은 정확한 수나 양은 아니지만, 어느 정도 적지 않은 수나 양을 말할 때도 써요.

A: What's this? 이게 뭐야?

B: Some kind of fruit? (잘 모르겠지만) 과일?

There's some kind of bug. 저기 (잘 모르는) 무슨 벌레 있어.

For some reason, Jayden is mad.
무슨 이유인진 모르겠지만 Jayden이 화가 나 있어.

There must be some reason behind his act.
그의 행동 이면에 어떤 이유가 있는 게 확실해요.

There are some children playing baseball on the playground.
운동장에서 몇몇 아이들이 야구를 하고 있어.

Some people believe in life after death. 사후 세계를 믿는 사람이 있어.
(* believe in: ~의 존재를 믿다)

표현

at work: 직장에서

누구나 알 만한 회사에 다니는 경우, "나 구글에서 일해.", "나 삼성에서 일해."처럼 직장 이름을 언급하면서 어디에서 일한다고 하잖아요. 이럴 때는 I work for Samsung.이라고 하면 됩니다. 반면에 I work at Samsung. 이라고 하면 Samsung에서 일하는 정규직원뿐만 아니라 계약직, 또는 청소 노동자, 다른 회사에서 잠시 파견 나와서 지금 현재 Samsung(장소에 포커스를 둠)에서 일하는 경우에도 사용할 수 있습니다. 그리고 내가 영업부서처럼 어느 부서에서 일한다고 하면 I work in sales., 프리랜서 거나 그 회사의 하청업체라면 I work with Samsung.이라고 하면 됩니다.

I'm getting paid next month.: 나 다음 달에 월급이 나와.

현재진행형은 어느 정도 확정된 미래를 강조할 때도 사용해요. 이럴 때는 현재진행과 구별하기 위해 tomorrow, next week, next month 등의 미래를 나타내는 표현과 같이 쓰는 경우가 많습니다.

(다음 달 승진이 확정되었을 때)
I'm getting promoted next month. 나 다음 달에 승진해.

(내일 미국으로 떠날 때)
I'm leaving for the States tomorrow. 나 내일 미국으로 떠나.

야! 월급 제때 안 주는 회사면 문제 있는 거 아냐?

Hey! Don't you think there's a problem at your company if they can't even pay you on time?

not even: ~조차 않는, ~도 않는

매우 많이 나오는 표현인데요, even은 '심지어, ~조차도'의 의미로 강조할 때 매우 유용하게 쓰입니다. 예문을 보면서 이해해 보세요.

I can't even open this. 이게 열리지도 않네.

I don't even know where to start. 난 심지어 어디서부터 시작하는지도 모르겠어.

I can't even describe how good that class is.
그 수업이 얼마나 좋은지 말로 표현하기도 힘들어.

다음 달에도 월급 안 들어오면 어떡하려고?

What if you don't get paid next month too?

What if 주어 + 동사?: ~하면 어쩌지?, ~하면 어쩔 건데?

미래에 "(주로 안 좋은) ~한 일이 일어나면 어쩌지?"라고 걱정하며 말할 때 사용할 수 있습니다.

(한국에서는 힘이 들어 유학을 갈까 생각하는 친구가)
What if I fail? 나 실패하면 어쩌지?

What if I can't get a job in the States? 나 미국에서 직장 못 잡으면 어쩌지?

(직장에서 해고된 가장이 걱정을 하며)
What if she kicks me out of the house? 와이프가 집 나가라고 하면 어쩌지?
What if you lose your passport before you leave?
출발하기 전에 여권을 분실하면 어쩌실 건데요?

get paid: 돈을 받다
이 표현은 직장에서 일을 하거나, 물건을 팔거나, 서비스를 제공한 대가
로 돈을 받을 때 두루 사용해요.

솔직히 나도 걱정이야. 다 회사 형편이 썩 안 좋은 거 아니까.

I'm worried about that too. Everyone knows the company is not doing so great.

I worry about vs. I'm worried about

"나 네가 걱정돼!"라고 하면 I worry about you.와 I'm worried about you.
중에 어떤 게 맞을까요? 둘 다 맞습니다. 둘 중에 어떤 걸 사용해도 전혀
문제는 없지만, 약간의 차이는 있어요. I worry about you.는 일반적으로
그냥 평소에도 늘 걱정하는 상황에서 말해요. 반면에 I'm worried about
you.는 어떤 특정한 상황에 한정 지어 걱정하는 거예요. 하지만 앞서 얘
기했듯 군이 구분 지어서 말할 필요는 없답니다. 실제 대화할 때 이런
것까지 따지면서 말하면 오히려 대화를 시작하는 게 힘들 수도 있어요.
한국 사람들은 너무 분석적으로 영어를 공부해서 막상 대화를 할 때 너
무 생각을 많이 하는 경향이 있어서 말씀드려요.

My mom worries about **me.** 우리 엄마는 날 걱정하셔.
(＊ 부모님은 늘 자식들을 걱정하시죠.)

(오랜만에 친구를 봤는데 친구가 살도 많이 빠지고 아파 보일 때)
I'm worried about you. 난 네가 걱정된다.
(* 항상 친구를 걱정한 것은 아니고 친구가 처한 특정한 상황을 보고 걱정하는 거예요.)

네가 너무 착하고 우유부단하니까 사람들이 얕보는 거야.
넌 지금 월세가 없어서 나한테 돈 빌리는데.

You know, people take advantage of you because you're too nice and indecisive. You're here borrowing money from me because you can't pay your rent.

표현

동영상 054

You know

You know를 문장 앞에 넣으면 상대방에게 좀 직선적으로 말하는 상황에서 부드럽게 전달되는 느낌을 줄 수 있어요. 보통 이렇게 you know, well, I mean, kinda 등등 대화의 빈 공간을 채우는 말을 filler words라고 하는데요. filler words에 대한 다양한 동영상을 선별해서 준비해 봤으니 꼭 보시기 바랍니다.

표현

동영상 055

take advantage of ~: (자신의 이익을 위해) ~을 이용하다

이 표현이 꼭 부정적으로만 쓰이는 건 아니에요. 또한 take advantage of는 눈에 보이지 않는 것을 사용해 자신에게 이익을 취한다는 점에서 use와 차이가 있어요. 이 표현을 동영상으로 좀 더 생생하게 배우고 싶다면 QR코드를 클릭하세요.

(해외에서 오랜만에 한국에 온 친구가)
I'm gonnna take advantage of Korean food while I'm here.
한국에 있는 동안 음식 맘껏 먹어야지.
(* 여기서는 이 상황을 그냥 최대한 활용한다는 뜻으로, 부정적인 의미가 아니에요.)

(친구가 10달러, 20달러 빌려 가더니 갚지는 않고 더 많은 돈을 빌려 달라고 할 때)
A: Can I borrow another 100 bucks this time? I promise to pay it back next week.
나 이번에 100달러만 더 빌릴 수 있을까? 다음 주에 꼭 갚을게.

B: (화가 나서) Are you trying to take advantage of me? Come on, bro!
너 날 이용하려는 거야? 야!

indecisive: 우유부단한, 결정하기 어려워하는

식당에서 메뉴 고를 때, 물건을 살 때, 진로를 선택할 때 등 사소한 결정부터 중대한 결정까지 망설이기만 하고 쉽게 결정을 내리지 못하는 사람을 가리켜 우유부단하다고 하죠. 그리고 그런 자신을 가리키며 "나 결정을 잘 못내려."라고 자조하며 말하기도 하고요. 이때 쓰는 표현이 바로 indecisive입니다. 반대 표현은 decisive로 '결정을 잘하는, 결단력 있는'의 의미입니다.

I'm indecisive. 나 결정 잘 못내려.

We are both too indecisive! 우린 둘 다 너무 우유부단해!

He's very decisive. 그는 매우 결단력이 있어.

다음 달에도 월급 못 받으면 서류 준비해서 노동청에 신고해.
이직 준비도 같이 하고!

If you don't get your paycheck next month, prepare the paperwork and report him to the Ministry of Employment and Labor. And start looking for another job!

표현 **prepare**(~을 직접 준비하다) vs. **prepare for**(~에 대비해 준비하다)

블로그 **056**

prepare
vs. prepare for

I'm preparing
dinner.

prepare

I'm preparing for
tomorrow's presentation.

prepare for

한국 학생들이 많이 실수하는 표현들이에요. 먼저 prepare 뒤에 바로 대상이 오는 경우는 음식을 준비하거나 뭔가를 직접 만들 때예요. 반면에 prepare for는 '~에 대비해 준비하다'라는 의미지요. 보통 우리가 시험을 준비하고, 발표를 준비하고, 환자가 수술받기 전에 준비하는 것은 큰일을 대비해서 준비하는(get ready for) 것이죠. 이럴 때는 prepare for를 씁니다. 물론 뒤에 동사가 나오면 'prepare to 동사원형'으로 사용하기도 해요. 하지만 보통 일상 대화에서는 prepare for/to보다는 get ready for/to를 훨씬 더 많이 사용합니다. 이와 관련해 prepare와 ready의 차이점에 대해서 좀 더 자세하게 공부하시고 싶다면 QR코드를 스캔하시기 바랍니다.

I'm preparing dinner. 나 저녁 준비하고 있어.
(* 보통 이 경우에는 I'm making dinner.를 훨씬 더 많이 씁니다.)

I'm preparing materials for students.
난 학생들에게 줄 자료를 준비하고 있어.

I think you should prepare a business plan.
넌 사업 구상안을 짜야 할 것 같아.

I'm preparing for tomorrow's presentation.
내일 발표(에 대비해) 준비 중이야.

We're preparing to move out next week.
= We're getting ready to move out next week.
우리는 다음 주 이사할 (것에 대비해) 준비 중이야.

Prepare to be surprised!
= Get ready to be surprised!
놀랄 준비해라!
(* 깜짝 선물 같은 것을 주기 전에 많이 하는 말이에요.)

표현

paperwork: 보통 정부나 공공 기관에 제출하는 서류
예를 들면 세금 신고나 정부 보조금을 받기 위해 필요한 서류 등을 말해요.

응! 알았어. 월급 들어오자마자 꼭 갚을게. 고맙다.

Yes! I know. I'll pay you back as soon as I get my paycheck. Thanks.

패턴

as soon as 주어 + 동사: ~하자마자, ~하면 바로

〈The moment 주어 + 동사〉, 〈The minute 주어 + 동사〉도 같은 의미로 많이 쓰입니다.

Give me a call as soon as you get there. 거기 도착하면 바로 전화 줴!
(* The moment you get there / The minute you get there도 같은 표현이에요.)

As soon as I get up, I stretch my body. 난 일어나자마자 스트레칭을 해.
(* The moment I get up / The minute I get up도 같은 표현이에요.)

UNIT 17

 헤어 스타일 관련
결정적 상황과 대화

지금까지 본
스타일 중에서
제일 낫다.

- [ ] 나 너 머리 했어? 오늘 너무 예뻐 보인다!
- [ ] 너 고마워. 진짜 그래? 간만에 했는데.
- [ ] 나 지금까지 본 스타일 중에서 제일 낫다. 머리 어디서 했어?
- [ ] 너 예전에 우리 몇 번 갔던 미용실 기억나? 한 2-3년 전에?
- [ ] 나 어, 기억나지. 그런데 거기 디자이너가 너무 못 잘라서 우리 그냥 다른 곳으로 갔잖아.
- [ ] 너 맞아. 내가 그 미용실 앞에 새로 생긴 곳에 다녔는데, 어제 파마하려니까 예약이 다 차서 못한다고 그러더라고. 그래서 거기 다시 가 봤거든. 그런데 다행히도 거기 디자이너들이 다 바뀌었더라고. 안의 인테리어도 달라지고. 아무래도 원장이 바뀐 것 같아. 나도 머리 너무 마음에 들어!
- [ ] 나 정말? 원장한테 머리 한 거야? 너 머리 진짜 예뻐! 완전 내 스타일이야!
- [ ] 너 응. 너도 한번 가 봐. 원장 쌤이 머리 진짜 잘하는 것 같아.

This is
the best
hairstyle yet.

Me Did you **get your hair done**? You look so pretty today!

You **Thanks**, really? It was long **overdue**.

Me This is the best hairstyle **yet**. Where did you **get** it **done**?

You Do you **remember** the **hair salon** we went to **a few times**?
Like 2-3 years ago?

Me Yes, I do. But didn't we decide to go **somewhere else** because the haircut
from that stylist was terrible?

You That's right. I've been going to the new hair salon **across from** that place,
but when I went in yesterday for a perm, the appointment was full.
So I returned to the old place and luckily they've changed all of their stylists.
Their interior was different too. I also think the **head stylist** changed. I really
like my hair too.

Me Really? You got it done from the head stylist?
Your hair looks really good! It's **totally** my **vibe**.

You Yes. You should **give them a try**.
I think the head stylist is really good at her job.

너 머리 했어? 오늘 너무 예뻐 보인다!

Did you get your hair done?
You look so pretty today!

표현

블로그 057

get one's hair done: 머리 하다

'머리 하다'는 get my hair done, get your hair done으로 표현합니다. 머리 잘랐냐고 물어볼 때 절대 Did you cut your hair?라고 하지 않아요. (물론 혼자서 자기 머리를 자르는 경우는 예외죠!) 상대방에게 커트나 염색, 파마를 했냐는 말은 어떻게 하는지 함께 알아두세요.

Did you get a haircut? 너 커트했어?

Did you dye your hair? 너 염색했냐?

Did you get a perm? 너 파마했어?

Did you get your hair done? 너 머리 했어?
(＊ 정확하지 않은데 뭔가 헤어스타일에 변화가 있을 때 쓰는 말이에요.)

이렇게 돈을 내고 서비스를 받을 때 'get/have ~ p.p.' 형식으로 많이 말합니다.

I got it fixed. 나 그거 고쳤어.

I had a few of these made up. 나 이거 몇 개 만들었어.
(＊ 직접 만든 게 아니라 누구에게 시켜서 만든 것을 말해요.)

I got my nose done. 나 코 성형했어.
(＊ '코 성형'은 nose job이라고 해요.)

지금까지 get, have를 사용한 표현을 몇 가지 소개했는데요, 이 동사들이 바로 사역동사죠. 사역동사(make, let, have, get)에 대한 것을 좀 더 생동감 있는 예문으로 익히고 싶다면 QR코드를 통해서 제 블로그 글을 한번 확인해 보세요.

고마워. 진짜 그래? 간만에 했는데.

Thanks, really?
It was a long overdue.

Thanks.

상대방이 건넨 칭찬의 말에 그냥 Really?라고 하는 것보다 Thanks.를 넣는 게 더 자연스럽습니다. 원어민들은 작은 거에도 Thanks. 표현을 좀 많이 사용하는 편이에요.

overdue: 기한이 지난

물론 위 표현은 finally를 써서 간단하게 I finally got it done.으로 말할 수도 있어요. 하지만 원어민들은 a long overdue(기한이 꽤 지난)를 자주 사용하는데요. 이 표현에는 이미 했어야 하는데 이제서야 한다는 의미가 있어요.

This book is overdue.
이 책 반납할 기한이 지났어.

overdue payment
(이미 내야 하는데 밀린) 청구서

overdue rent
(이미 내야 하는데 밀린) 월세

Your rent is 2 weeks overdue.
너 월세가 2주째 밀렸어.

I'm a week overdue with my baby.
예정일이 일주일이 지났어.

지금까지 본 스타일 중에서 제일 낫다.
머리 어디서 했어?

This is your best hairstyle yet.
Where did you get it done?

표현

This is your best hairstyle yet.

"지금까지 본 스타일 중에서 제일 낫다." 이걸 영작하라고 하면 영어 정말 잘하는 사람도 This is the best from all the hairstyles you've had before. 식으로 하실 것 같아요. 네!! 좋아요. 사실 이렇게 말해도 의사전달에는 전혀 문제가 없어요. 하지만 This is your best hairstyle yet.이 훨씬 간결하면서 원어민에게 자연스럽게 들려요. 그러니 이런 문장은 암기하는 게 좋겠죠. 그러면 "This is your best hairstyle ever.라고 하면 안 되나요?" 이렇게 물어보는 분이 있을 거예요. 정말 좋은 질문이에요. 일단, 뒤에 나온 yet은 지금까지는 최고지만, 앞으로 더 좋은 헤어스타일을 할 수 있다는 느낌을 전달해요. 하지만 ever는 정말 최고에만 포커스를 둔 느낌이랍니다.

***Yesterday* is the best Beatles song ever.**
〈Yesterday〉는 비틀스 최고의 노래야.

(* 여기서 ever 대신 yet를 사용하면 어색해요. Beatles는 해체돼서 더 이상 활동을 안 하기 때문이죠.)

This is the best day yet. 오늘은 정말 나에게 최고의 날이야.
This is the best story yet. 이건 정말 최고의 이야기다.

(* 이런 상황에서는 yet 대신에 ever를 넣어도 문제가 없습니다.)

This is my best YouTube video yet.
이게 내가 지금까지 만든 최고의 유튜브 영상이야.

표현

get ~ done: ~을 끝내다

I got this project done. 나 이 프로젝트 마쳤어.
I got this homework done. 나 이 숙제 끝냈어.
How to get stuff done fast 빨리 일을 끝마칠 수 있는 방법
(* stuff = things)

예전에 우리 몇 번 갔던 미용실 기억나?
한 2-3년 전에?

Do you remember the hair salon we went to a few times?
Like 2-3 years ago?

패턴

I remember -ing : (나) ~했던 게 기억나

remember가 나온 김에 remember 뒤에 명사나 동사 -ing가 나오는 경우를 알아볼게요. 여러분들이 예전에 문법 공부할 때 〈I remember to 동사원형(~할 것을 기억해)〉도 배웠을 거예요. 하지만 이 표현은 실제 대화에서는 쓰이는 경우가 별로 없답니다.

I remember talking about this. 이것에 대해 이야기했던 게 기억이 나.

I remember taking an econ class in college.
대학에서 경제학 수업 들었을 때가 기억나.

(* '경제학'은 economics지만 간단하게 econ이라고 많이 해요.)

I remember proposing to my wife 10 years ago.
10년 전에 아내한테 청혼했던 기억이 나네.

I remember thinking you were too rude.
네가 정말 싸가지 없다고 생각했던 기억이 나네.

그리고 remember의 반대 표현으로 forget이 있죠. 그런데 신기하게도 보통 우리가 사용하는 forget은 〈I forgot to 동사원형(나 ~하는 거 까먹었어)〉으로 거의 90% 이상 사용해요. 예문으로 확인하세요.

I forgot to bring a laptop. 나 노트북 가지고 오는 거 까먹었어.

(아내가 차를 쓴다고 하자 남편이)
Oh, shoot! I forgot to tell you. I need the car today.
아, 이런! 당신한테 말하는 거 까먹었어. 나 오늘 차 필요해.

(* shoot은 비속어 shit의 완곡된 표현으로 '빌어먹을, 제기랄' 정도의 의미예요.)

표현

hair salon: 미용실 (= beauty salon)

그럼 '이발소'는 뭐라고 할까요? barber shop 혹은 그냥 haircut place라고도 말합니다.

a few times: 가끔, 몇 번

비슷한 의미로 sometimes, every now and then, from time to time 등을 쓸 수 있어요.

like + 숫자: 대략 ~

like가 숫자 앞에 나오면 보통 '대충, 대략, 한 ~' 정도의 의미로 쓰입니다.

A: How long does it take to get this done? 이거 끝내는 데 얼마나 걸려요?
B: Like 10 minutes. 대략 10분 정도요.

A: How many women in the class? 그 수업에 여자가 몇 명이나 돼요?
B: Like 10 people. 음… 대충 10명 정도 돼요.

(* 사실, How many women in the class?가 문법적으로는 맞지 않지만, 대화할 때는 이런 식으로 많이 말해요.)

어, 기억나지.
그런데 거기 디자이너가 너무 못 잘라서 우리 그냥 다른 곳으로 갔잖아.

Yes, I do.
But didn't we decide to go somewhere else because the haircut from that stylist was terrible?

somewhere else: 다른 곳으로
(= in a different place, in some other place)

somewhere는 '어딘가에'라는 의미로, 정확하게 어디인지는 모르겠지만 대충 '그곳에'라는 의미로 써요.

We decided to go somewhere else for lunch.
우리는 점심을 다른 곳에서 먹기로 했어.

I think I left my wallet here somewhere.
내가 지갑을 여기 어딘가에 놔둔 것 같은데.

Is there somewhere safe where I can leave my bike?
자전거를 보관할 만한 어디 안전한 곳이 없을까?

(열심히 공부하고 있는데 동생이 크게 음악을 튼 상황)
Hey! Can you listen to music somewhere else? I can't focus.
야! 다른 곳에서 음악 들을래? 집중할 수가 없다고.

맞아. 내가 그 미용실 앞에 새로 생긴 곳에 다녔는데,
어제 파마하려니까 예약이 다 차서 못한다고 그러더라고.

That's right. I've been going to the new hair salon across from that place, but when I went in yesterday for a perm, the appointment was full.

문법

have been -ing: ~해 오고 있다

과거의 어떤 시점부터 해 왔고, 지금도 하고 있다는 의미예요. 보통 since(~ 이래로), for(~ 동안)와 함께 많이 쓰이죠.

I've been study**ing** English for 3 years.
나 3년째 영어 공부를 계속해 오고 있어

I've been work**ing** out since 2016.
나 2016년부터 계속 운동하고 있어.

표현

across(~을 가로질러) **vs. across from**(~의 맞은편에)

이 둘은 무슨 차이가 있을까요? 길 건너편처럼 그냥 가로질러 건너는 느낌일 때는 across만 쓰고요. 건물과 건물이 마주보고 있는 상황(사람과 사람이 마주 보고 있는 경우도 적용)에서는 across from이 적절합니다. 제가 판교역 앞에 있는 카페에서 수업 준비를 많이 하는데요. 그 카페가 판교역 4번 출구 맞은편에 있어요. 4번 출구와 이 카페 사이에는 도로가 있고요. 지도를 보면서 예문을 보시면 좀 더 이해가 쉬울 거예요.

(판교역 4번 출구를 기준으로 말할 때)
The cafe is across from **Pangyo Station Exit 4.**
그 카페는 판교역 4번 출구 맞은편에 있어.

The cafe is across **the street.** 그 카페는 길 건너편에 있어.

I will sit right <u>across from</u> you. 내가 네 맞은편에 앉을게.
I live <u>across</u> the street. 난 길 건너편에 살아.

안의 인테리어도 달라지고. 아무래도 원장이 바뀐 것 같아.
나도 머리 너무 마음에 들어!

Their interior was different too.
I also think the head stylist changed.
I really like my hair too.

발음

interior
interior는 [인티어리어~ㄹ] 정도로 발음됩니다. MP3 음성파일을 잘 들어 보세요!

표현

head stylist: 수석 헤어 디자이너, 원장
head는 '머리'의 의미로 많이 쓰지만, 회사에서의 우두머리(leader), 단체나 조직의 책임자를 말할 때도 자주 사용합니다. the head of the department라고 하면 '부서장'을 말하는 거죠. head waiter는 종업원들을 총괄하는 책임자를 말하고, head chef라고 하면 요리사들을 총괄하는 주방장을 말하는 것이고요. 이 밖에 the head of the household라고 하면 가정의 우두머리라는 뜻이니 가장이 되겠죠.

정말? 원장한테 머리 한 거야?
너 머리 진짜 예뻐! 완전 내 스타일이야!

Really? You got it done from the head stylist?
Your hair looks really good!
It's totally my vibe!

totally: 완전히

원어민들이 정말 좋아하는 표현으로 completely와 같은 의미예요. 이 표현은 상대방 의견에 강하게 동의할 때도 I totally agree with you.(네 말에 전적으로 동의해.)와 같이 쓰여요. 이것과 관련해서 비슷한 느낌의 표현들인 absolutely, definitely, exactly를 영상으로 정리했어요. QR코드 스캔해서 꼭 확인해 보세요.

(아들한테 선물을 사 주는 상황)
Dad: Do you like this? 이거 마음에 드니?
Son: Totally. 완전 좋아요.

표현

vibe: 느낌, 분위기

vibe는 보통 '느낌'을 말해요. 그래서 It's totally my vibe.는 정확히 꼬집어 말할 수는 없지만, 그 느낌, 스타일이 좋을 때 요즘 젊은 친구들이 많이 쓰는 말입니다.

(소개팅(blind date)에서 만난 여성의 느낌이 별로 좋지 않을 때)
I don't get a good vibe from her. 별로 느낌이 좋지 않았어.

(한국어를 전혀 모르는 미국 친구가 BTS 노래를 듣고서)
I don't know what they're saying but I get a really good vibe.
뭔 말을 하는지는 모르겠지만, 느낌이 정말 좋아.

응. 너도 한번 가 봐.
원장 쌤이 머리 진짜 잘하는 것 같아.

Yes. You should give them a try.
I think the head stylist is really good at her job.

표현

동영상 059

give it a try: 시도해 보다

시도해 보라고 할 때 이 표현 외에 give it a go, give it a shot도 많이 사용해요. 여기서 it은 문장의 주어가 시도를 해 보는 대상입니다. 이 문장에서는 머리를 잘라 주는 주체가 사람이니까 her, him, them이 되어야 겠죠. 이 중 them을 사용한 것은 특정하게 정해진 사람이 아니라 그 샵을 지칭했기 때문이에요. 만약 그 사람이 누구인지 알 때는 her나 him으로 쓰면 됩니다. 이 부분에 대해 좀 더 자세히 알고 싶으시면 QR코드를 스캔해서 유튜브 영상을 확인하세요.

UNIT 18

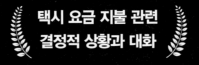

택시 요금 지불 관련
결정적 상황과 대화

요새 현금 안 가지고 다니는 사람이 얼마나 많은데!

- ☐ 나 야, 왜 그렇게 시무룩해?
- ☐ 너 오는 길에 택시 기사랑 말다툼이 좀 있었어.
- ☐ 나 뭐? 무슨 일로 그랬는데?
- ☐ 너 요금을 카드로 결제하려고 했더니 나한테 막 짜증을 내잖아.
- ☐ 나 요새도 그런 택시 기사가 있단 말이야?
  그래서 어떻게 했는데?
- ☐ 너 사정 좀 봐달라 하고 내렸어.
- ☐ 나 요새 현금 안 가지고 다니는 사람이 얼마나 많은데!
- ☐ 너 그렇지? 사실 좋은 기사분들이 더 많은데, 그냥 내가 잘못 걸린 거지 뭐.
- ☐ 나 다음엔 좋은 기사님 만날 거야!
  그리고 너도 당당하게 행동해. 또 그런 기사를 만나더라도 말이야.

Lots of people don't carry cash anymore!

Me   Hey, what's wrong?

You   I had an argument with the taxi driver on my way here.

Me   What? What was it about?

You   I wanted to pay the fare with my card and he got mad at me.

Me   I can't believe there are still drivers like that these days.
      So, what did you do?

You   I asked him to make an exception and I just got off.

Me   Lots of people don't carry cash anymore!

You   Right? There are better drivers out there, but I was just unlucky.

Me   You'll get a better driver next time!
      You should be bold if you meet a driver like that again.

야, 왜 그렇게 시무룩해?

Hey, what's wrong?

표현

What's wrong?: 무슨 일 있어?

상대방 얼굴빛이 안 좋거나 표정이 시무룩할 때 쓸 수 있어요. What's going on? / What happened? / What's the matter? 모두 비슷한 상황에서 사용할 수 있습니다. 한편, 상대방에게 불만을 표출하거나 짜증을 낼 때는 What's wrong with you?(도대체 너 뭐야? 왜 그러는 거야?)라고 할 수 있고요, 갑자기 스마트폰이 작동을 안 할 때도 What's wrong with this smartphone?(스마트폰이 왜 이래?)이라고 할 수 있어요. 뒤에 'with + 명사'를 붙이면 의미가 조금 달라지니 구분해서 써 주세요.

오는 길에 택시 기사랑 말다툼이 좀 있었어.

I had an argument with the taxi driver on my way here.

표현

have an argument: 논쟁하다, 말다툼하다 (= have a fight)

엄밀히 따지자면 fight(싸움)는 이기는 걸 목적으로 싸우는 것이기 때문에 부정적인 느낌이 강하고, argument(말다툼)는 논쟁 속에서 뭔가 긍정적인 것을 이끌어낼 수 있다는 느낌이 있어요. 하지만 보통 원어민들도 크게 구분을 두지 않고 비슷한 의미로 사용합니다.

taxi: 택시

taxi 대신 cab도 많이 써요. 그래서 taxi driver를 간단하게 cabbie라고도 하지요. 참고로 truck driver를 trucker라고도 한답니다. '모자'를 의미하는 cap과 '택시'를 뜻하는 cab을 구분해서 발음해야 하는데요. cap은 호흡이 딱 멈추면서 [캡]으로 발음하고, cab는 [캐~ㅂ] 정도로 호흡이 자연스럽게 끝나도록 발음하면 된답니다. QR코드를 찍어 영상을 확인해 보세요.

on my way: 오는 중, 가는 중

이 표현은 막 떠나려고 하기 직전에도 사용할 수 있어요. 물론 가는 중에서 사용할 수 있죠. 참고로 on the way 역시 거의 같은 의미라고 생각해도 좋아요. 단 in my way는 뭔가가 날 막고 있는 거죠. 예를 들어, 내가 뭘 하려는데 친구가 내 앞을 막아 선다면 Don't get in my way. Or I'll kill you.(내 앞 막지 마! 안 그럼 가만 안 둔다.)처럼 말할 수 있겠지요.

A: Are you coming? 너 오는 거야?
B: Yes, I'm on my way. 응, 가는 중이야.

(17층에서 기다리고 있는 엄마와 아들의 대화)
엄마: Where you at? 너 어디야?
(* Where are you?의 캐주얼한 표현)

아들: I'm on the basement floor. I'm on my way up.
저 지하에 있어요. 지금 올라가요.

I'm on my way home from work. 나 직장에서 집에 오는 중이에요.

뭐? 무슨 일로 그랬는데?
What? What was it about?

What was that(it) about?

정말 많이 나오는 표현이에요! 상대방이 이해할 수 없는 이상한 표정을 짓거나, 이상한 행동을 할 때, 또는 방금 무슨 일이 일어났는데 그 상황을 이해할 수 없어서 What was that about?이라고 물을 수 있지요. 단, 이 표현은 말투에 따라서 느낌이 달라질 수 있으니 주의하세요.

(친구가 대학에 합격했다고 말하자)

A: I got accepted to Seoul National University. 나 서울대 합격했어.

B: (살짝 빈정거리는 얼굴과 말투로) Good for you. 잘됐네.

A: What was that about? 왜 그러는데?

(친구 Jane과 이야기하고 있는데 누군가가 다가와서)

A: Wow! It's been a while, dude! You're Jason, right? Your girlfriend is hot. 왜! 오랜만이야. 너 Jason이지? 여친 예쁘네.

B: I'm sorry. I'm not Jason. My name is Luke. 저 Jason 아니고, Luke인데요.

A: Oh… Sorry. 아, 죄송해요.

Jane: What was that about? 뭔데 그러는 거야? (왜 그런 티꺼운 표정을 짓는데?)

요금을 카드로 결제하려고 했더니 나한테 막 짜증을 내잖아.

I wanted to pay the fare with my card and he got mad at me.

표현

mad: 화난, 짜증난

보통 화난다고 할 때 angry도 많이 쓰지만, 캐주얼하게 mad, ticked off, pissed (off)도 많이 사용해요.

Are you mad at me? 너 나한테 화났어?

I'm really pissed off. 나 정말 화났어.

(* off는 생략하고 말해도 괜찮아요.)

요새도 그런 택시 기사가 있단 말이야?
그래서 어떻게 했는데?

I can't believe there are still drivers like that these days.
So, what did you do?

I can't believe ~: ~ 믿을 수 없어, 말도 안 돼!

이 패턴은 상대방이 정말 대단한 일을 하거나, 또는 말도 안 되는 소리/
행동을 했을 때 많이 씁니다. 믿을 수 없이 좋은 일, 안 좋은 일, 충격적
인 일 모두에 사용 가능해요. 뒤에는 주로 '주어 + 동사' 형태가 옵니다.

I can't believe **he's a doctor.** 걔가 의사라니 말도 안 돼!

I can't believe **he's in Korea.** 걔가 지금 한국에 있다고?

I can't believe **I reached 1 million subscribers.**
내가 유튜브 구독자 100만 명을 달성하다니!

사정을 좀 봐달라고 하고 내렸어.

I asked him to make an exception and I just got off.

make an exception: 사정을 봐주다

살다 보면 "아! 한 번만 봐주세요!" "좀 예외로 해 주면 안 될까요?" 부탁
하는 경우가 있는데, 이때 딱인 표현이 바로 make an exception입니다.

(할머니가 돌아가셔서 과제를 제출하지 못했을 때)
학생: Professor! Can you make an exception **this time?**
교수님! 이번에 좀 예외로 해 주시면 안 될까요?

교수: I usually don't accept late assignments at all, but considering your situation, I'm willing to make an exception.
보통 늦게 제출한 과제는 안 받지만, 학생 상황을 보니 이번에는 예외로 해 주겠네.

(롤러코스터 타려고 하는데 139cm인 아들을 안 들여 보내줄 때)
We've been standing in line for 2 hours to get a ride. Can you please make an exception this time?
이거 타려고 2시간이나 줄 섰어요. 한 번 봐주면 안 될까요?

(* stand in line: 줄 서다)

요새 현금 안 가지고 다니는 사람이 얼마나 많은데!
Lots of people don't carry cash anymore!

표현

carry(가지고 다니다) vs. **bring**(가져오다) vs. **take**(가져가다)
carry와 bring, take의 차이점을 모르는 분들이 은근히 많으시더라고요. 일단 carry는 '가지고 다니다'로 방향과 관계없이 그냥 동작에만 포커스를 맞춘 표현이랍니다. bring은 듣는 사람이나 말하는 사람에게 뭔가를 가지고 오는 것이고, take는 듣는 사람과 먼 곳으로 뭔가를 가지고 가는 것을 말해요. 앞에서 배운 go와 come의 차이점과 비슷하네요.

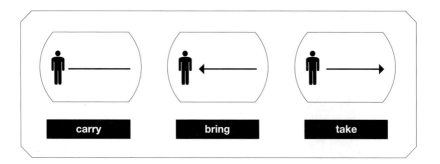

(집에서 나가는 아들에게 엄마가)
Take an umbrella on your way out! 나갈 때 우산 가지고 가!

(엄마가 집 앞 엘리베이터 앞에서 현관문 열고 나오는 아들에게)
Bring an umbrella with you. 우산 가지고 와.

I always carry an umbrella in my backpack.
난 항상 우산을 가방에 넣고 다녀.

UNIT 19

연애 문제 고민 관련
결정적 상황과 대화

남자 친구
엄마가
우릴 반대해.

- [ ] 나 너 이제 남자 친구랑 결혼할 때 되지 않았어?
  만난 지 벌써 2년이나 됐잖아!
- [ ] 너 그렇지. 근데 결혼은 현실이라고 하더라고
- [ ] 나 그게 무슨 말이야?
- [ ] 너 사랑만으로 결혼할 수는 없단 얘기야.
  결혼은 집안과 집안의 만남이기도 하잖아.
- [ ] 나 당연히 그렇기는 하지. 근데 무슨 문제라도 있어?
- [ ] 너 음, 남자 친구 엄마가 우릴 반대해.
  날 싫어하시는 것 같아.
- [ ] 나 왜? 네가 무슨 잘못이라도 한 적 있어?
- [ ] 너 딱히 없어. 그냥 날 질투하시는 것 같아.
- [ ] 나 모두가 그렇진 않겠지만, 아들의 여자 친구를 질투하는 엄마들이 있다고는 들었어. 진짜 안됐다.
- [ ] 너 그러게. 우리가 인연인지 아닌지는 두고 보면 알겠지 뭐!

My boyfriend's mom doesn't support our relationship.

Me   Isn't **it about time** (that) you **got married** to your boyfriend?
It's been two years already since you guys first met!

You   Yeah. But **they say** that marriage isn't all it's cracked up to be.

Me   What does that mean?

You   **It means that** you can't have a marriage with just love.
Marriage can also be seen as a meeting between two families.

Me   That certainly **makes sense**. But where's the problem?

You   Well, my boyfriend's mom **doesn't support** our **relationship**.
I think she doesn't like me.

Me   Why? Have you done **something** wrong?

You   Not really. I think she is just **jealous**.

Me   **I'm sure that** not all mothers are like that, but **I heard** that some mothers are jealous of their son's girlfriend. **That's unfortunate**.

You   Yes, it is. **We'll see if** we are really **meant to be**!

너 이제 남자 친구랑 결혼할 때 되지 않았어?
만난 지 벌써 2년이나 됐잖아!

Isn't it about time that you got married to your boyfriend?
It's been two years already since you guys first met!

패턴

It's about time (that) 주어 + 동사: 이제 정말 ~할 시간이야, 이제 ~해야 할 것 같아

무언가를 이미 했어야 했는데 아직 안 하고 있을 때 사용하는 표현이에요. 기억해야 하는 건, 뒤의 동사는 현재, 과거 모두 올 수 있고 should도 사용 가능하다는 것이죠. 굳이 따진다면 과거시제가 나오는 경우는 '이미 했어야 하는데 안 하고 있구나. 그러니 빨리 해야지.' 정도의 느낌이 더 있어요. 혹시나 이렇게 쓰는 게 헷갈리면 그냥 편안하게 I think you should think about getting married to your boyfriend soon.이라고 해도 좋습니다.

It's about time you passed the test. 이제 네가 시험에 합격할 때도 되었어.

It's about time that you told your boyfriend.
이제 네가 남친한테 말해야 할 시간이야.

I think it's about time that you should stop using smartphone.
이제 정말 너 스마트폰 그만할 시간인 것 같아.

표현

get married: 결혼하다

〈Unit5〉에서도 다루었는데요, marry와 관련해서 많이 실수하는 표현들을 정리합니다. 꼭 알아둬야 할 것은 전치사 없이 쓰는 marry somebody(~와 결혼하다), get married to somebody(결혼을 하는 행동 또는 상태의 변화에 초점), be married(이미 결혼을 한 상태)입니다.

Will you marry me? 나랑 결혼해 줄래요?

(* 주의! Will you get married with me? (**X**))

I'm gonna get married next week. 난 다음 주에 결혼해요.

(* get married는 행동에 초점이 맞춰져 있어요.)

We got married in 2008. 우리 2008년에 결혼했어요.

(* 결혼을 기점으로 전은 미혼, 후는 기혼 → 상태의 변화)

I'm married. 난 기혼이에요. (결혼한 상태)

I'm single. 난 미혼이에요. (미혼인 상태)

I'm divorced. 난 이혼했어요. (이혼한 상태)

(* 이렇게 be동사는 상태를 나타냅니다.)

그렇지. 근데 결혼은 현실이라고 하더라고.

Yeah. But they say that marriage isn't all it's cracked up to be.

패턴

They say: ~라고 하잖아요, ~래요

내 생각이 아니라 일반 사람들이 하는 말을 얘기할 때 씁니다. 일반적으로 신뢰할 수 있는 말에 사용해요.

They say real estate is the best investment. 부동산이 가장 좋은 투자래요.

They say money can't buy happiness. 돈으로 행복을 살 수 없다고 하지.

They say you are what you eat. 네가 뭘 먹느냐가 너를 만든다고 하지.

(그만큼 뭘 먹느냐(균형 있는 건강한 음식)가 중요하다는 말.)

표현

동영상 062

not all it's cracked up to be: 기대에 미치지 못하는, 좋기만 한 것은 아닌

이 표현은 가령 홈쇼핑에서 엄청 좋다고 광고한 상품을 혹해서 샀는데, 사 놓고 보니 그닥 좋지 못하거나 맛집으로 소문난 식당을 찾아가서 먹었는데 기대한 것만큼 맛있지 않을 때 사용할 수 있어요. 예문으로 확인해 보세요. 그리고 이 표현의 실제 활용 영상을 가지고 공부하고 싶다면 QR코드를 스캔하세요.

(주변 사람들이 다 추천해서 책을 읽었는데)
This book isn't all it's cracked up to be.
이 책 사람들이 추천할 만큼 좋은데.

Luke: I can't believe I graudated from college. I never have to go to school again.
내가 대학을 졸업했다는 게 믿기지 않아. 이제 학교 안 다녀도 된다고.

Ben: Do you feel happy and free?
그래서 행복하고 자유롭냐?

Luke: No, not at all. Being a college grad isn't all it's cracked up to be. I feel lost. I don't know what I'm going to do to make a living.
아니, 전혀. 대학 졸업자가 된 게 사람들이 말하는 것만큼 그렇게 좋지는 않아. 뭘 어떻게 해야 할지 모르겠어. 어떻게 먹고 살아야 할지 모르겠어.

그게 무슨 말이야?
What does that mean?

표현

여기서는 What are you talking about?이라고 해도 좋아요. 좀 더 강조하면 What the hell are you taking about?을 쓰지요. 단, the hell 같은 표현은 친구나 편안한 관계에서나 쓰지 격식을 갖춘 상황에서는 사용하지 않으니 주의하세요.

(뜬금없이 남편이 이혼 이야기를 꺼내는 상황)
남편: I don't love you anymore. I think we should end here.
나 더 이상 당신 사랑하지 않아. 우리 여기서 끝내는 게 좋을 거 같아.

아내: What? What does that mean? I don't get it.
뭐? 그게 무슨 말이야? 이해가 안 돼!

사랑만으로 결혼할 수는 없단 얘기야.
결혼은 집안과 집안의 만남이기도 하잖아.

It means that you can't have a marriage with just love. Marriage can also be seen as a meeting between two families.

It means that 주어 + 동사: 그건 ~을 의미해

상대방이 "무슨 말이야?"라고 이해가 안 되어서 질문했을 때, It means that을 이용해 설명을 하거나, 아니면 뭔가를 설명하는 중에 상대방에게 좀 더 자세하게 설명하고 싶을 때 이 패턴을 사용해요. 편안하게 말할 때는 〈Meaning that 주어 + 동사〉로 써도 좋습니다. 이 밖에 〈What I'm trying to say is that 주어 + 동사〉, 〈What I mean is that 주어 + 동사〉도 비슷한 의미로 사용할 수 있어요.

(상대방에게 영어 공부의 장점에 대해서 말하면서)
It means that you can meet new people from all over the world.
그 말은 뭐냐 하면 네가 전 세계 새로운 사람들을 만날 수 있다는 거야.

(온라인으로 돈을 벌고자 하는 사람에게)
It means that you should know what your customers want.
그 말은 고객이 뭘 원하는지 잘 아셔야 한다는 거예요.

(영어를 유창하게 말하고 싶다는 학생에게 선생님이)
It means that you should have a clear goal of why you're learning English.
그 말은 네가 왜 영어를 배우려는지 확실한 목표를 가져야 한다는 거야.

당연히 그렇기는 하지. 근데 무슨 문제라도 있어?

That certainly makes sense.
But where's the problem?

make sense: 말이 되다, 일리가 있다

상대방 말에 동의할 때 사용합니다. 더 많이 편안하게 사용하는 표현으로 I got your point. / I got it.이 있습니다.

음, 남자친구 엄마가 우릴 반대해.

Well, my boyfriend's mom doesn't support our relationship.

표현

동영상 063

do not support: 반대하다, 지지하지 않다

"반대해"라는 말은 사실 여러 가지로 나타낼 수 있어요. 이 표현은 She doesn't approve of our relationship. / She is against our relationship.으로 바꿔 써도 좋아요. 그리고 이 책에 실린 한국말을 영어로 바꿀 때 유용한 팁을 하나 드릴게요. 여러분

이 만든 문장이 맞는지 확인하고 싶을 때, Google에 그 문장을 넣어서 검색해 보세요. 만약 그런 표현이 꽤 많이 나오면 사용해도 된다고 생각해도 좋습니다. 단, Google이 원어민만 이용하는 게 아니기 때문에 틀릴 수도 있다는 걸 염두에 두고 YouGlish 및 Getyarn도 함께 추천합니다. 사용법이 궁금하시면 QR코드를 스캔해 보세요. 이때 주의할 것은 검색할 문장 앞뒤에 큰따옴표를 꼭 넣어야 한다는 거예요. 이렇게 자신이 만든 문장을 원어민에게 교정받는 서비스는 충분히 투자가치가 있다고 봅니다. 이와 관련된 유투브 영상이 있는데 참고하면 도움이 될 거예요.

표현

relationship: (가족/연인/친구) 관계

relationship은 가족, 연인, 친구 등 다양한 관계를 설명할 때 사용해요.

I'm in a relationship. 나 사귀는 사람 있어. (= I'm not single.)

(* 참고로 single은 법적으로 미혼인 상태를 의미하지만, 보통 대화에서는 진지하게 사귀는 사람이 없을 때 single이라고 해요.)

왜? 네가 무슨 잘못이라도 한 적 있어?

Why? Have you done something wrong?

something 형용사: ~한 어떤 것

표현

형용사는 보통 앞에서 명사를 꾸미지만, 이렇게 something처럼 -ing로 끝나는 일명 부정대명사는 특이하게도 뒤에서 꾸며 주죠. 이런 건 문법적으로 암기하는 것보다 몇 개 예를 입에 착착 붙도록 말해 보면 쉽게 익힐 수 있습니다.

(커피숍에서)
A: What can I get you? 뭘 드릴까요?
B: Something cold, please. 시원한 걸로 주세요.

I'm looking for something to read on the plane.
저 비행기에서 읽을 책을 찾고 있어요.

There's something wrong with this plan. 이 계획은 뭔가 잘못되었어.

딱히 없어. 그냥 날 질투하시는 것 같아.

Not really. I think she is just jealous.

jealous: 질투하는, 부러워하는

표현

사실 이건 원어민들도 매우 많이 틀리는 표현이에요. 참고로 전 많은 원어민이 틀려도 실제로 많이 사용하는 표현을 설명하는 것에 포커스를 맞춰 이 책을 썼다는 점을 알려 드립니다. 원어민들은 누구를 질투하든, 부러워하든 jealous를 많이 씁니다. 원칙적으로 부러울 때는 envious를 써야 할 것 같지만 그렇게 안 써요. 친구가 승진했어요. I'm so jealous. 친구가 해외여행 갔어요. I'm so jealous. 친구 여자 친구가 무지 이뻐요. I'm so jealous. 그리고 jealous를 jelly라고도 해요. (단, jelly는 최근 슬랭이어서 모르는 원어민들이 있을 수도 있어요.)

모두가 그렇진 않겠지만, 아들의 여자 친구를 질투하는 엄마들이 있다고 들었어.
진짜 안됐다.

I'm sure that not all mothers are like that, but I heard that some mothers are jealous of their son's girlfriend. That's unfortunate.

패턴

I'm sure (that) 주어 + 동사: 나 ~을 확신해, 분명히 ~해

I'm certain that도 같은 의미지만, 스피킹에서는 많이 사용하지 않아요. 영어 고수들을 위해서 I'm positive라는 표현도 함께 소개할게요. I'm positive는 I'm sure보다도 더 강하게 I'm really sure의 의미를 가집니다. 위의 I'm sure는 I'm positive로 바꾸어도 말이 되죠.

(카페에서 노트북을 도난당한 상황)
A: I lost my laptop right here.
바로 여기서 제 노트북을 잃어버렸어요.

B: Are you sure (that) you left it on this table?
이 테이블에 두신 거 확실하세요?

A: I'm absolutely sure. 진짜 확신해요.

I'm sure (that) you can speak English fluently with these 3 simple tips. 난 이 간단한 세 가지 팁으로 당신이 영어를 유창하게 할 수 있다고 확신해요.

패턴

I heard ~: ~하다고 들었어, ~라던데

'~하다고 들었어, ~라던데'는 사람들이 말한 걸 듣고 얘기하는 거라서 I heard나 I was told라고 표현해요. 물론 People say (that) 이렇게 말해도 괜찮고요. I heard는 TV나 뉴스에서 간접적으로 듣거나 그냥 누구에게 들었을 때 사용하고, I was told는 누군가에게서 직접 들었을 때 주로 사용해요. I heard 다음에는 다양한 형태가 나올 수 있는데, 예문을 통해 확인해 보세요.

I heard that he recently started his own business.
최근에 그가 사업을 시작했다고 들었어.

I heard that you're getting married next month.
너 다음 달에 결혼한다고 들었어.

I heard an interesting rumor.
나 재미있는 소문 들었어.

I heard about your company. 당신 회사에 대해서 들었어요.

(* hear about은 여기서 '~을 알다'의 의미로 쓰였어요. 그러니까 '당신 회사에 대해 얘기 들어서 알고 있어요.'라는 뜻이죠.)

Have you heard from him yet? 아직까지 걔한테 연락 안 왔어?

(* hear from: ~로부터 소식을 듣다)

I heard of Luke but not sure what he does.
Luke에 대해 들어보긴 했는데 그 사람이 뭘 하는지는 잘 몰라.

(* hear of: 단순하게 들어보다)

표현

That's unfortunate.: 진짜 안됐다.

상대방의 상황이 좋지 않아서 안타깝고, 안됐을 때 사용할 수 있어요. 여기서 더 확장해서 안타까운 상황에서 사용할 수 있는 표현들을 아주 간단한 문장을 가지고 정리해 보겠습니다. 참고로 가장 편안하게 사용할 수 있는 표현은 사실 1, 2번 정도로 캐주얼한 상황에서 쓰여요.

(중요한 발표를 하는데 business partner(사업 파트너)가 참여를 못 하게 된 상황)

1. **I'm sorry** you can't join us. 같이 하지 못해서 안타깝습니다.
2. **It's too bad** you can't join us.
3. **It's a shame** you can't join us.
4. **It's unfortunate** you can't join us.
5. **It's a pity** you can't join us.

그러게. 우리가 인연인지 아닌지는 두고 보면 알겠지 뭐!
Yes, it is. We'll see if we are really meant to be!

패턴

I'll see if I ~ / Let me see if I ~: 내가 ~인지 한번 볼게(확인해 볼게)

여기서 see는 '확인하다, 알아보다'는 의미이고, if는 '~인지 아닌지'의 뜻으로 쓰였습니다.

A: Do you have some time next Thursday? 다음 주 목요일에 시간 있니?
B: Let me see if I have a spare time. 시간 되는지 확인 좀 해 볼게.

A: My laptop is acting up. Can you help me?
내 노트북이 말썽이네. 좀 도와줄래.

(* act up: (물건이) 말을 안 듣다. (사람이) 말을 안 듣고 버릇없이 굴다)

B: Let me see if I can fix it. 내가 고칠 수 있는지 한번 볼게.

Son: Dad! Can we play soccer together tomorrow?
아빠! 내일 축구할 수 있어요?

Dad: I'll see if I can change my schedule tomorrow.
내일 스케줄 바꿀 수 있는지 확인해 볼게.

표현

meant to be ~: ~하기로 되어 있는, ~할 운명인

보통 이 표현은 남녀 사이에 "우리는 같이 할 운명이야."라고 말할 때 많이 쓰입니다. 관련되어 비슷한 의미의 표현들도 같이 정리해 드릴게요.

We're meant to be **together.** 우리는 함께할 운명이야.

You're meant to be **together.** 너희는 잘 어울리는 한 쌍이야.

We're made for **each other.** 우리는 천생연분이야.

(직설적으로 표현해서) **This is** fate**!** 이건 운명이야!

UNIT 20

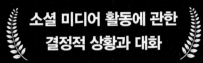

소셜 미디어 활동에 관한
결정적 상황과 대화

요새는 그저 과시용으로 SNS를 하는 사람들도 많아.

- [ ] 나 SNS 보면 다들 행복해 보이는데, 나만 불행한 것 같아.
- [ ] 너 왜 그렇게 생각하는데?
- [ ] 나 다들 항상 좋은 곳에 가고, 맛있는 거 먹고, 늘 행복해 보이잖아.
  난 항상 일에 치여 사는데.
- [ ] 너 그건 그 사람들이 그런 것들만 SNS에 올리니까 그렇지.
  다들 굳이 힘든 일상을 공유하려고 하지는 않잖아.
- [ ] 나 네 말이 맞다. 남들에게 힘든 모습을 보여 줄 필요는 없으니까.
- [ ] 너 그리고 요새는 그저 과시용으로 SNS를 하는 사람들도 많아.
  현실은 행복하지 않은데, 오히려 그걸 숨기고 행복한 척하는 거지.
- [ ] 나 그래서 SNS는 인생 낭비라는 말이 있는 거구나.
- [ ] 너 응. 나도 한때 남들과 비교하는 내 자신이 싫어서 SNS를 다 지워 버렸거든.
  그랬더니 쓸데없이 핸드폰 하는 시간도 줄어들고 내 자신에게 좀 더 집중할 수 있
  게 됐어. 잘된 거지.
- [ ] 나 오, 너 진짜 멋진데? 내가 요새 자존감이 많이 낮아졌나 봐.
- [ ] 너 응, 그냥 남들이 어떻게 사는지 신경 쓰지 말고 너 자신에게 생산적인 일을 해.
  그러다 보면 저절로 더 행복해질 거야.

There are a lot of people these days that use social media as a tool for bragging.

Me Everyone looks so happy on social media.
I feel like I'm the only one who's miserable.

You Why do you think that?

Me People are always going to great places, eating delicious food and always seem so happy all the time. But for me, I'm always busy with work.

You That's because they only post those kinds of things on social media. They don't want to share their daily struggles.

Me You're right. There's no need to show your struggles.

You Also there are a lot of people these days that use social media as a tool for bragging. The reality is that they aren't happy, but they try to hide it and act like they are.

Me So that's why they say social media is a waste of your life.

You Yeah. I hated when I used to compare myself to other people, so I deleted all social media apps. Then I started to cut down on wasting time on my phone, and instead focused a lot more on myself, which was a nice change.

Me Wow, you are so awesome. I think I have low self-esteem these days.

You Yeah, don't pay attention to the way other people live and focus on being productive. If you keep that up, then you will naturally become happier.

SNS 보면 다들 행복해 보이는데, 나만 불행한 것 같아.

Everyone looks so happy on social media.
I feel like I'm the only one who's miserable.

패턴

I feel like -ing / I feel like 주어 + 동사: 나 ~한 것 같아, ~하고 싶어

이 표현은 I want, I would like to와 비슷한 느낌을 전달합니다. 또 I think 의 의미로도 매우 많이 사용해요. I want, I would like to가 직접적으로 원한다는 느낌이라면 I feel like는 자신의 기분이나 생각을 좀 간접적으로 로 전달하는 느낌이 있어요. 앞서 설명했던 패턴이지만, 확인하고 넘어 갈게요.

I feel like eating out. 나 외식하고 싶어.

I feel like I'm losing my mind. 나 미쳐 버릴 것 같아요.

I feel like you tried to deceive me. 네가 날 속이려고 한 것 같아.

I feel like you don't want to talk to me. 너 나하고 얘기 안 하고 싶은 거 같은데.

표현

on social media

이 표현에서 on을 주목하세요. on은 on Facebook, on Twitter, on YouTube, on TV과 같이 쓰이는데요. 이 표현들은 요즘 같은 social media 시대에 많이 나오므로, 그냥 입에서 툭 튀어나오게 익히면 됩니다. 또 SNS라고 하면 모르는 원어민이 많을 거예요. 꼭 social media라고 하거 나 간단히 social이라고 하세요.

표현

miserable: 비참한

여기서 miserable은 앞서 나온 so happy와 비교해서 unhappy(불행한) 를 좀 더 강조한 표현으로 나왔어요.

happy   miserable

왜 그렇게 생각하는데?

Why do you think that?

표현

Why do you think that?: 왜 그렇게 생각하는데?

What makes you think so?도 같은 표현이에요. 마찬가지로 Why do you say that?(왜 그렇게 말하는데?) 역시 What makes you say that?으로 바꿔 쓸 수 있어요.

다들 항상 좋은 곳에 가고, 맛있는 거 먹고, 늘 행복해 보이잖아.

People are always going to great places, eating delicious food and always seem so happy all the time.

문법

현재진행형

현재진행형(be + 동사-ing)은 말 그대로 지금 진행 중인 일을 말할 때 씁니다. 하지만 당장 이 순간에 진행되지 않아도 사용할 수 있어요. 가령, 지금 이 순간 영어를 공부하고 있지 않아도 요즘 공부하고 있다면 I'm studying English.이라고 말해도 문제가 없어요. 그리고 I'm meeting Luke tomorrow.처럼 가까운 미래에 거의 확정된 일을 나타낼 때도 현재진행형으로 사용 가능하죠. 오늘은 always와 함께 쓰이는 현재진행형을 공부해 볼 건데요. 이것은 항상 반복되는 것을 말할 때 사용이 됩니다. 어떤 사람은 always가 진행형과 사용되면 불만이나 짜증 나는 상황만 나타낸다고 하는데, 꼭 그런 건 아니에요. Luke is always surprising me with new ideas.(Luke는 항상 새로운 아이디어로 날 놀라게 해요.)를 보면 전혀 부정적이지 않잖아요. :-)

She's always complaining. 그녀는 항상 투덜대.

My mom is always yelling at me. 엄마는 항상 나한테 소리질러.

He's always coming to class late. 그는 항상 수업에 늦게 와.

It's always raining here. 여기는 항상 비가 와.

그건 그 사람들이 그런 것들만 SNS에 올리니까 그렇지.

That's because they only post those kinds of things on social media.

패턴

That's because 주어 + 동사: 그건 ~ 때문이야, ~라서 그래

이유를 설명할 때 유용하게 사용할 수 있는 패턴이에요. It's because ~라고 해도 괜찮아요. 참고로 That's because ~가 이유를 나타내는 거라면, That's why ~는 '그래서 ~해'라는 의미로 결과를 나타내는 표현이에요.

That's because you don't know it. 네가 그걸 몰라서 그래.

That's because you don't practice. 네가 연습 안 해서 그래.

That's because I don't have enough money.
내가 돈이 충분하지 않아서 그래.

That's because you lied. 네가 거짓말을 해서 그런 거잖아.

표현

those kinds of things: 그런 (종류의) 것들

그냥 those things라고 해도 큰 문제는 없어요. 그런 것들이라 하면 행복하게 보이는 사진이나 동영상들을 말하는 거죠. 참고로 this/that kind of thing, this/that sort of thing과 같은 표현을 원어민들이 종종 사용하는데요, 이런 것들은 그냥 뭉뚱그려서 대략 말하는 느낌의 표현이라고 생각하시면 됩니다.

He has always been working on this sort of thing.
그는 항상 이런 일을 해 왔어.

People want to be successful. That's why people go to schools, start their businesses, and take some lessons, that sort of thing.
사람들은 성공하고 싶어 해. 그래서 학교에 가거나, 자기 사업을 하거나, 수업을 듣는 것과 같은 그런 일들을 하지.

다들 굳이 힘든 일상을 공유하려고 하지는 않잖아.

They don't want to share their daily struggles.

daily struggles: 매일의 힘든 일들

이 문장에서처럼 struggle은 정말 해도 잘 안 되는 힘든 일을 의미해
요. 따라서 daily struggles는 매일 매일 있는 힘든 일들을 말하는 거예
요. 하지만 struggle에는 매우 힘들지만 그것을 달성하려고 하는 느낌
이 있어요. 예를 들어, 영어를 유창하게 말하는 게 정말 힘들잖아요. 매
일 몇 시간씩 연습하고 공부를 하지만 쉽사리 늘지 않아요. 그러면 I'm
struggling to speak English.라고 말할 수 있어요. 또 다른 예로, 요즘 잠
이 정말 안 와요. 너무 피곤한데 잠은 안 오고 이것저것 노력해 보지만
잘 안 돼요. 그때는 I'm struggling to sleep.이라고 말할 수 있어요.

그리고 struggle이 나오는 표현 중에서 power struggle도 같이 기억하
세요. power struggle은 '권력 다툼, 힘겨루기, 기싸움' 등의 의미가 있
어요. 이 표현은 한 나라의 정치가들이나 회사의 공동창업자들이 권력
(power)을 차지하기 위해 벌이는 치열한 다툼뿐만 아니라, 부모와 자
녀 사이에서 부모가 아이를 컨트롤하려고 하지만, 아이가 말을 듣지 않
고 반항하는 상황을 얘기할 때도 사용할 수 있어요.

(사춘기 딸과 종종 말다툼하는 엄마가)
I have a power struggle with my daughter these days.
요즘 우리 딸이랑 힘겨루기 중이에요.

The China-US power struggle may change the world.
미국과 중국의 힘겨루기가 세계를 바꿀 지도 몰라요.

네 말이 맞다. 남들에게 힘든 모습을 보여 줄 필요는 없으니까.

You're right.
There's no need to show your struggles.

패턴

(There's) **no need to** 동사원형: ~할 필요 없어

There's를 생략해서 〈No need to 동사원형〉으로도 많이 사용합니다.

(There's) no need to **feel sorry for me.** 날 안타깝게 여길 필요 없어.

(There's) no need to **worry.** 걱정할 필요 없어요.

(There's) no need to **be upset.** 화낼 필요 없어요.

(There's) no need to **rush.** 급하게 서두를 필요 없어.

(There's) no need to **explain.** 설명할 필요 없어.

그리고 요새는 그저 과시용으로 SNS를 하는 사람들도 많아.

Also there are a lot of people these days
that use social media as a tool for bragging.

표현

brag: 과시하다 (= boast) / **bragging**: 과시

이 표현과 함께 boast, show off도 같이 기억하세요. 참고로 brag, boast 는 보통 말로 자랑을 늘어놓을 때 주로 사용하고, show off는 꼭 말이 아 니라 행동으로 보여 줄 때도 사용해요.

(만나기만 하면 자식 자랑하는 엄마들을 보며)

I'm sick of those moms who always boast[brag] **about their children.** 난 맨날 자식 자랑만 늘어놓는 엄마들 지겨워.

(친구가 근육을 과시하기 위해 몸에 딱 붙는 옷들만 입고 다닌다면)

He's always showing off. 걔 늘 (자기 몸을) 과시하고 다니더라.

현실은 행복하지 않은데 오히려 그걸 숨기고 행복한 척하는 거지.

The reality is that they aren't happy, but they try to hide it and act like they are.

패턴

The reality is that 주어 + 동사: 현실은 ~예요

이 표현은 잘못된 생각을 가지고 있는 상대방에게 그것에 대한 진실을 알리고 경종을 울릴 때 사용해요. 요즘 말로 현타라고 하죠.

(비행기 사고 날까 봐 무섭다는 친구에게)

The reality is that more people die from a car accident than a plane crash.
현실은 비행기 사고보다 자동차 사고로 죽는 사람들이 더 많아.

(영어 공부를 왜 하는지 모르겠다고 따지는 아들에게)

The reality is that the better your English is, the more opportunities you can have. 현실은 네가 영어를 잘할수록 기회는 더 많아진다는 거지.

그래서 SNS는 인생 낭비라는 말이 있는 거구나.

So that's why they say social media is a waste of your life.

패턴

That's why 주어 + 동사: 그래서 ~하구나

That's because ~가 이유를 나타내는 거라면, That's why ~는 결과를 나타낸다고 앞에서 설명했죠. 예문으로 간단히 정리할게요.

A: You look tired. What happened? 너 피곤해 보여. 무슨 일 있었어?

B: I binge-watched movies all night. 어제 밤새도록 영화 봤거든.

A: **That's why** you look so tired. 그래서 그렇게 피곤해 보인 거구나.

(* binge-watch: 한 번에 많은 시리즈의 드라마/쇼/영화를 보다)

표현

a waste of ~: ~ 낭비

이 형태로 사용되는 표현들 중 많이 나오는 표현 정리합니다.

a waste of **time** 시간 낭비

a waste of **money** 돈 낭비

a waste of **space** 공간 낭비

a waste of **energy** 에너지 낭비

a waste of **electricity** 전력 낭비

a waste of **paper** 종이 낭비

응. 나도 한때 남들과 비교하는 내 자신이 싫어서 SNS를 다 지워 버렸거든. 그랬더니 쓸데없이 핸드폰 하는 시간도 줄어들고 내 자신에게 좀 더 집중할 수 있게 됐어. 잘된 거지.

Yeah. I hated when I used to compare myself to other people, so I deleted all social media apps. Then I started to cut down on wasting time on my phone, and instead focused a lot more on myself, which was a nice change.

표현

compare A to B: A를 B와 비교하다

to 대신에 with를 사용할 수도 있지만 to가 훨씬 더 많이 쓰이니 그냥 to 로 기억하세요. 그리고 compared to ~는 '~와 비교해서'의 의미예요.

I'm making almost nothing compared to him.
난 그에 비하면 정말 조금 벌어.

You're much nicer compared to Jane.
넌 정말 Jane에 비하면 훨씬 더 친절해.

표현

cut down on ~: ~을 줄이다

I feel like I have to cut down on drinking.
나 술 좀 줄여야 할 것 같아.

You gotta cut down on smoking if you want live longer.
오래 살고 싶으면 담배 줄여야 해.

(* gotta는 have got to의 줄임말로 '~해야 한다(have to)'의 뜻이에요. 캐주얼한 상황에서 많이 쓰여요.)

표현

which is/was: 그것은

앞에 말한 것을 which is/was로 받는 경우가 많아요. 대화할 때 많이 사용합니다.

His English has improved quite a lot, <u>which is</u> amazing as he spent only 3 months preparing.
그 사람 영어 실력이 꽤 많이 늘었어. 그가 준비하는 데 겨우 3개월만 보냈기 때문에 그건 놀라운 일이지.

오, 너 진짜 멋진데?
내가 요새 자존감이 많이 낮아졌나 봐.

Wow, you are so awesome.
I think I have low self-esteem these days.

표현 **self-esteem**: 자존감

자존감이 낮을 때는 low self-esteem, 자존감이 높을 때는 high self-esteem이라고 하죠. self-respect(자기존중, 자존심), self-worth(자아존중감, 자부심)도 비슷한 의미예요.

응, 그냥 남들이 어떻게 사는지 신경 쓰지 말고 너 자신에게 생산적인 일을 해. 그러다 보면 저절로 더 행복해질 거야.

Yeah, don't pay attention to the way other people live and focus on being productive. If you keep that up, then you will naturally become happier.

표현 **pay attention to** ~: ~에 집중하다, 신경 쓰다 (= care about)

(월급 올려 달라고 요구하는 직원에게 상사가)

Put your nose down and <u>pay attention to</u> your work.
일이나 신경 쓰고 집중해.

(* put your nose down은 '집중하다'의 뜻으로, 코를 박고 어떤 일을 집중해서 하는 모습을 생각하면 이해가 될 거예요.)

표현 **keep** ~ **up**: ~을 계속 유지하다 (= continue doing ~)

If you <u>keep</u> that <u>up</u>, you will be able to speak English fluently someday.
그렇게 계속 유지하면, 언젠가 영어를 유창하게 말할 수 있게 될 거야.

소리 영어?
이제는 내용 영어에도 집중하자!

영어를 잘하는 것처럼 보이는 사람들은 많습니다. 특히 한국 문화가
남들에게 잘 보이고, 남의 눈치를 보는 경향이 강해서 영어 역시
발음과 억양이 좋으면 "와! 영어 잘하는구나"라는 착각을
상대방에게 줄 수 있고, 사실 그런 말을 들으면 계속 그쪽에
더욱 관심이 가게 되죠. 하지만 유창성(fluency)이라는 건 물 흐르듯
중간에 막힘 없이 말을 할 수 있는 능력입니다. 발음과 억양이
아무리 좋아도 스스로 문장을 자유롭게 만들지 못하면
결국 항상 했던 말은 잘하지만, 금방 들통이 나게 되죠.

솔직한 고백

전 25살 때 처음 미국에 갔습니다. 가기 전에 열심히 공부했죠.
패턴 문장들도 열심히 외웠고 주변 상황들을 영어로 말해 보려고
연습도 많이 했습니다. 그 당시에는 사실 유튜브도 없었고, 지금처럼
원어민들의 영상을 접하기가 쉽지 않았습니다. 그래서 제 기억으로는
테이프나 mp3 file(패턴 교재와 같이 나왔던)을 가지고 반복해
따라 하면서 나름대로 소리는 그렇게 연습했던 것 같아요.
섀도잉이라는 건 몰랐지만, 돌아보니까 아마도 문장을 따라 말하면서
결국 저도 섀도잉을 했던 거죠. 이렇게 하고 미국으로 갔는데,
어땠을까요?

네, 스피킹은 정말 문제가 특별히 없었습니다. 가장 큰 문제는 바로
상대방이 말하는 것(청취)을 잘 알아듣지 못해서 상당히 힘들고
답답했다는 거죠. 제가 사실 학생들에게 청취 수업을 하게 된 가장 큰
이유 중 하나가 소통에서는 내가 말하는 것보다 오히려 상대방 말을
듣고 제대로 받아들이는 게 매우 중요하고, 요즘의 다양한 정보는

영상과 음성으로 되어 있고 이런 영상과 음성을 영어로 이해하지
못하면, 아무리 자신이 말을 잘해도 소통하는 게 아니다라는 것을
깨달았기 때문입니다. 일단 이 책은 스피킹에 관한 것이고,
청취가 얼마나 중요한지가 핵심은 아니니까 이것을 좀 더 자세하게
공부하고 싶다면 아래 내용을 확인해 보시기 바랍니다.

〈리스닝, 스피킹 어떤 것이 더 중요할까?〉
http://lukelookenglish.com/221843313414

그러면 미국에 올 때까지 한국에서 태어나 자랐는 데도, 지금처럼
영어를 쉽게 접할 수 있는 환경이 아니었는데 왜 스피킹에는 큰 문제가
없었을까요? 이것에 대한 솔직한 대답은 QR 코드를 스캔해서
제가 인터뷰한 내용을 보세요.
바로 그것이 오늘 제가 말씀드리고 싶은 부분입니다.

동영상 064

많은 학습자들의 착각

지난 몇 년 동안 영어 교육 시장을 보면 소리를 통해서 영어를
공부하자는 것들이 많이 나왔습니다. 사실 아이가 모국어를 배우듯
소리를 듣고 따라하고, 흉내 내는 방법은 언어학자들도 인정하는 방법
이고, 많은 영어 유튜버들이 말하는 것처럼 정말 효과가 있습니다.
그리고 해야 하는 방법입니다. 저도 항상 학생들에게 자신이 따라하고
싶은 사람들을 따라 말해 보고, 손을 이용해서 리듬을 타고, 호흡을
강하게 해서 원어민처럼 최대한 비슷하게 흉내 내라고
강조, 또 강조합니다. 소리 영어가 필요한 이유입니다.

그러나 제가 말씀 드리고 싶은 것은 그런 영어 교육이 잘못되었다는
것이 아니라 소리 영어는 유창성의 부수적인 요소라는 점입니다.
제가 미국에 갔을 때 영어를 유창하게 꽤 했었던 이유는 소리 영어를
공부했기 때문이 아니라 바로 이것입니다.

> "제 스스로 문장을 많이 만들고,
> 또 만들어 봤고, 그것을 즐겼다."

주변에 영어 발음과 억양이 좋아서 해외에서 살다 왔냐?는 말 들어본
분들 계실 거예요. 그런데 혹시 자신이 항상 평소 때 말하는 말만
하면서, 그런 말을 듣는 것에 만족하여 거기서 벗어나려는 노력은
안 하고 있진 않은가요? 영어 교육에서만 15년 정도 일하면서
정말 수없이 많은 연구와 강의, 셀 수도 없는 학생들과 영어 강사들을
만났습니다. 한국에 있는 웬만한 영어 유튜버들의 콘텐츠도 분석해
보고, 해외 영어 콘텐츠를 분석하면서 느낀 점이 있습니다.
결국 유창성은 (문장을 어떻게 만들까라는 생각을 하는 게 아니라,
무슨 말을 해야 할지 콘텐츠를 생각하면서) automatically(자동적으로)
말을 빨리 말하는 능력이라는 것을요.

중국 최대 기업 알리바바의 회장이던 Jack Ma(마윈)의 영어를
들어본 적 있습니까? 솔직히 지금에야 Jack Ma가 워낙 대단한
인물이라서 영어도 정말 잘하는 것처럼 보일 수 있습니다. 하지만
Jack Ma가 평범한 일반인이고, 이 사람을 영어 스피킹 모임에서
만났다고 하면, 아마 속으로 '영어 좀 부족한 것 같다'고 생각할 수도
있을 거예요. 반면에 아주 발음 좋고, 원어민 억양을 구사하는 친구가
아주 번지르르하게 자기 소개를 할 때는 속으로
'와우! 영어 잘한다. 정말 짱인데.'라는 생각을 할 거고요.

바로 여기에 문제가 있죠. Jack Ma는 중국어 악센트가 강하긴 하지만, 상대방의 영어를 이해하고 자신의 의견을 아무런 거리낌없이 자유롭게 표현합니다. 이 Jack Ma의 영어를 분석해 보면 중국어의 간섭 현상이 거의 없습니다. 결국 소리는 원어민 느낌이 아니지만, 어떤 원어민들도 쉽게 이해할 수 있는 리듬을 충분히 가지고 있으며, 그 유창성은 원어민에 가깝습니다. 유창성 못지 않게 중요한 전달하는 콘텐츠(지식)는 대부분의 원어민보다 훨씬 우수합니다. 물론 그랬기에 Jack Ma가 세계적으로 존경받는 사람이 되었겠죠. Jack Ma가 '난 원어민 발음을 갖고 싶어'라는 생각에 집착해서 전문 분야 지식 축적을 게을리하고, 영화나 미드를 보면서 새도잉을 했다면 어땠을까요?"

제가 정말 하고 싶은 말

제가 여러분께 정말 하고 싶은 말은, '앞으로는 뭔가를 배웠으면 반드시 스스로의 문장을 말해 보세요.'입니다. 더 나아가서 매일매일 오늘의 일을 영어로 생각하고 말해 보는 훈련을 해 보세요. 그리고 지식을 쌓으세요. **관심 있는 분야에서 영어로 된 영상을 선정해 그것을 새도잉하고, 그것을 분석하고, 정리해서 스스로 누군가에게 설명을 해 본다는 생각으로 한번 머리를 쥐어짜서 노력**을 해 보세요!

결국 스피킹은 자신이 말을 하는 것입니다. 미국에 있든, 한국에 있든 자신이 스스로 영어로 생각하고 말해 보는 훈련을 해야 나아질 수 있는 것입니다. 새도잉을 통해서 영어가 많이 늘었다는 것은 소리와 발음이지 유창성은 아닙니다. 유창성은 스스로의 문장을 만들어 보고, 지식을 누군가에게 전달해 보는, 설명해 보는 것을 영어로 많이 해 봤을 때 일어나는 일입니다.

그리고, **'몇 달 내에 원어민처럼 한다', '자기는 국내에서 자랐는데 원어민처럼 영어한다'는 말을 신뢰하지 마세요.**
영상에서는 그 사람들이 발음도 좋고 원어민같이 말하는 것처럼 보일 수 있지만(영상은 편집도 가능하고, 많이 연습해서 말할 수도 있고, teleprompter를 사용할 수도 있잖아요), 실제로 만나서 영어로 100% 대화해 봤을 때, 안 그런 분들 꽤 있습니다.
결국 발음과 소리는 중요하지만 그것이 핵심은 아니라는 것입니다.

제가 하고자 하는 진심이 여러분에게 전해졌으면 좋겠네요.
그리고 영어는 정복해야 하는 destination(도착점)이 아닙니다.
그냥 journey(여정)일 뿐입니다. 저도 그 journey에 있고, 그 과정을 즐길 뿐입니다. 마지막으로 앞에 언급했던 것을 방법론적으로 더 알고 싶으신 분들에게 아래 두 영상을 추천하며 글을 마칩니다.

〈영어스피킹 3요소 | 룩룩잉글리쉬〉
https://www.youtube.com/watch?v=zhLoYjX9oUY&t=35s
〈영어로 생각하기 4단계 - 무조건 된다〉
https://www.youtube.com/watch?v=6dUx78PWmJk&t=239s

A

C

D

F

G

N

O

P

T

YOU'RE A WINNER!

여기까지 오느라 정말 고생 많으셨습니다.
끝까지 온 여러분은 진정한 승리자입니다!
끝까지 했다는 희열은 해본 사람만이 느낄 수 있지요.
앞으로도 여러분의 영어 학습이 승승장구하기를 기원합니다.